이화 한국어

이화 한국어 Workbook 2-2

지은이 김현진·이인경·강여림·박은선·신희랑

펴낸날 1판 1쇄 2011년 7월 15일
7쇄 2023년 9월 20일

펴낸이 주소현 펴낸곳 이화여자대학교출판문화원
주소 서울특별시 서대문구 이화여대길 52(우 03760) 등록 1954년 7월 6일 제9-61호
전화 02) 3277-2965(편집), 02) 362-6076(마케팅)
팩스 02) 312-4312 전자우편 press@ewha.ac.kr 홈페이지 www.ewhapress.com

책임편집 이혜지, 민지영 디자인 design Vita 일러스트 이지영

ISBN 978-89-7300-923-7 14710
978-89-7300-875-9 (세트)
값 10,000원

* 잘못된 책은 구입처에서 바꾸어 드립니다.

이화여자대학교 언어교육원
Ewha Womans University
Ewha Language Center

이화 한국어

김현진 · 이인경 · 강여림 · 박은선 · 신희랑 지음

Workbook 2-2

책을 펴내면서

이화여자대학교 언어교육원은 국내 최초의 의사소통 중심 교재『말이 트이는 한국어(Pathfinder in Korean)』를 발간한 지 12년 만에 새로운 의사소통 중심 교재『이화 한국어(Ewha Korean)』를 발간하게 되었습니다. 지난 10여 년 동안『말이 트이는 한국어(Pathfinder in Korean)』는 세계 각국에서 한국어 교재로 널리 사용되어 왔으며 현재까지도 외국인들에게 한국어 학습의 좋은 길잡이가 되고 있습니다. 그러나 새로운 시대 흐름에 맞춘 교재 집필이 필요하다고 생각되어 언어교육원에서는 2008년부터『이화 한국어(Ewha Korean)』개발에 착수하였으며, 교육과학기술부의 '2009 한국어 연수 프로그램 지원사업'에 선정되어 교재 개발에 박차를 가할 수 있게 되었습니다. 그리고 지난 일 년 간 언어교육원 한국어 과정에서 몇 차례의 시험 사용, 수정 작업을 거쳐 발간하기에 이르렀습니다.『이화 한국어(Ewha Korean)』시리즈는 1급에서 6급까지 총 30권의 교재와 연습서로 구성되며, 앞으로 단계적으로 발간될 예정입니다.

『이화 한국어(Ewha Korean)』는 말하기 · 듣기 · 읽기 · 쓰기의 통합 교재이며 초급부터 고급까지 연계적으로 구성되어 있습니다. 이 교재는 네 가지 언어 기능의 균형 있는 발전을 유도하면서도 특히 말하기 능력을 강화하도록 고안된 것이 특징입니다. 말하기 연습을 유도하는 장치로 'Try it'을 활용하였는데 이것은 외국인 학습자가 주도적으로 대화를 이끌어 갈 수 있도록 담화 순서와 문장의 핵심어를 담은 것입니다. 이 장치를 따라 말하기 연습을 함으로써 학습자는 단순 암기 방식에서 벗어나서 주도적으로 대화를 이끌어 가는 능력을 기를 수 있을 것입니다. 또한 최근 학습자 성향과 편의를 고려하여 1~3급은 교재를 두 권으로 구성하였으며, 1급과 2급은 영어, 일본어, 혹은 중국어(간체, 번체)로 설명을 넣는 등 세밀하게 학습자 요구를 반영하고자 하였습니다.

이화여자대학교 언어교육원을 대표하여,『이화 한국어(Ewha Korean)』가 출간되기까지 이 책의 저자들이 쏟은 열정과 노고에 대해서 깊은 감사를 드립니다. 또한 내용 구성에 많은 조언을 해 주신 이해영, 김영규, 최형용, 박선희 교수님께 감사의 말씀을 드리며, 문학 부분에 조언을 해 주신 김현자 교수님께도 감사의 말씀을 드립니다. 또한 편집과 출판을 맡아 주신 이화여자대학교출판문화원에도 고마움을 전합니다.

앞으로『이화 한국어(Ewha Korean)』가 국내외에서 한국어 교재로 널리 활용되어 한국어를 쉽고 재미있고 효과적으로 교수 · 학습하는 데 기여하기를 기대합니다.

2010년 6월

이화여자대학교 언어교육원

원장 양 혜 순

차례

Workbook 구성표

단원	제목	내용: 어휘	내용: 준비합시다
8	외모	색 인상착의	-고 있다 -게 처럼 마다 ㅎ불규칙
9	특별한 날	설날 추석 명절	(이)나, 밖에 -(으)면서 -(으)ㄴ/는데 에서도, 에서만 -고 나서
10	공공장소	우편물 보내는 방법 은행 업무	-는 대로 -(으)ㄹ 것 대신(에) -는 길에 -다가
11	초대	초대 음식 장만	-(으)ㅁ -기(를) 바라다 아무나, 아무거나, 아무 데나 -잖아요 -(으)ㄴ/는데요
12	교통과 생활	교통 교통 신호	-(으)ㄴ/는지 알다 (으)로 해서 -자마자 -았/었다가 -(으)ㄹ 테니까
13	이웃과 집	기숙사 시설 주변 시설	-아/어야겠- 아무도, 아무것도, 아무 데도 -기(가) 쉽다 -게 되다 -(으)ㄹ수록
14	예약과 주문	비행기 표 예약 주문	-(으)ㄹ까 하다 -(으)ㄴ/는/(으)ㄹ 모양이다 -(으)ㄹ 줄 알다 -(으)ㄴ/는 대신(에) -던
15	안부와 소식	소식 안부 인사	-았/었었- -았/었던 반말 -아/어지다 낮춤말

내용	
말해 봅시다	**읽고 써 봅시다**
친구에게 마중 부탁하기 표현 잃어버린 물건 묘사하기 잃어버린 물건 찾은 후 연락 약속하기 발음 좋아한다[조아한다]	이상형에 대한 분류의 글 읽기 이상형에 대한 글 쓰기
등산할 때 옷차림에 대한 조언 구하기 표현 계획을 정하지 못했음을 말하기 어떤 일에 대한 기대를 표현하기 발음 거의[거의], [거이]	학교 신문의 기사 읽기 특별한 날에 대한 일기 쓰기
우체국에서 소포 보내기 표현 카드 발급에 대해 말하기 소포의 내용물에 대해 묻기 발음 읽고[일꼬]	기숙사 게시판의 글 읽기 학교 규칙을 어긴 경험의 글 쓰기
음악회에 초대한 친구에게 줄 선물 상의하기 표현 메모 전달을 부탁하기 모든 시간이 괜찮음을 말하기 발음 됐는데요[된는데요]	동아리 게시판의 글 읽기 친구에게 초대의 이메일 쓰기
택배 기사에게 길 알려 주기 표현 전화로 방문할 집 확인하기 교통이 정체된 상태 설명하기 발음 이용 요금[이용뇨금]	하와이의 대중교통을 소개하는 글 읽기 두 나라의 대중교통을 비교하는 글 쓰기
원룸과 하숙집의 장단점 비교하기 표현 장단점이 모두 있음을 표현하기 기숙사 시설에 대해 묻기 발음 불편해서[불편해서], [불펴내서]	부동산 정보지의 기사 읽기 동네를 소개하는 글 쓰기
전화로 식당 예약 확인하기 표현 예약자 이름 묻고 답하기 팔 물건이 없음을 말하기 발음 '뭐라고요'의 억양	나의 실수에 대한 글 읽기 나의 실수에 대한 경험의 글 쓰기
옛 친구와 추억 말하기 표현 그리움 말하기 상대방에게 격려하기 발음 일 년[일련]	옛 친구를 만난 내용의 일기 읽기 안부를 묻는 편지 쓰기

Workbook 구성과 사용법

- 『이화 한국어 Workbook 2-1』, 『이화 한국어 Workbook 2-2』는 『이화 한국어 2-1』, 『이화 한국어 2-2』에 맞춰 개발된 연습서입니다. 이 연습서는 교재 내용에 대해 보충 학습, 심화 학습이 가능하도록 설계하였으며, 교실 내 수업과 개인 학습에서 모두 사용할 수 있도록 개발하였습니다.
- 『이화 한국어 Workbook 2-1』, 『이화 한국어 Workbook 2-2』는 교재 구성에 맞춰 **어휘** ⇨ **준비합시다** ⇨ **말해 봅시다** ⇨ **읽고 써 봅시다**로 구성하였습니다.

어휘 단원의 주요 어휘에 대한 연습입니다. 이 부분에서 다룬 어휘들은 단원의 필수 어휘이므로 반드시 학습자가 기억해야 하는 내용들입니다.

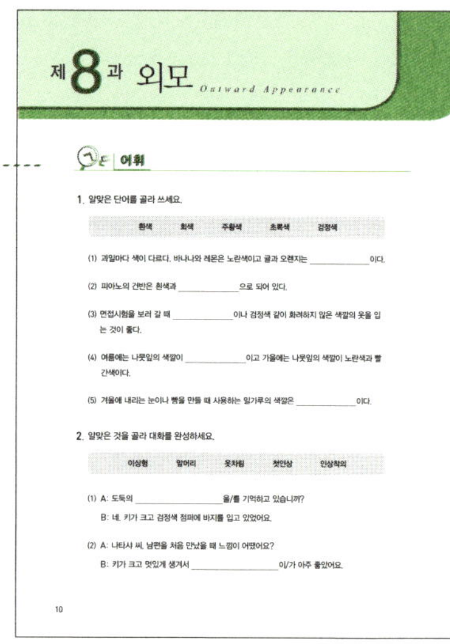

제 8 과 외모 *Outward Appearance*

어휘

1. 알맞은 단어를 골라 쓰세요.

흰색 회색 주황색 초록색 검정색

(1) 과일마다 색이 다르다. 바나나와 레몬은 노란색이고 귤과 오렌지는 ______ 이다.

(2) 피아노의 건반은 흰색과 ______ 으로 되어 있다.

(3) 면접시험을 보러 갈 때 ______ 이나 검정색 같이 화려하지 않은 색깔의 옷을 입는 것이 좋다.

(4) 여름에는 나뭇잎의 색깔이 ______ 이고 가을에는 나뭇잎의 색깔이 노란색과 빨간색이다.

(5) 겨울에 내리는 눈이나 빵을 만들 때 사용하는 밀가루의 색깔은 ______ 이다.

2. 알맞은 것을 골라 대화를 완성하세요.

이상형 말머리 옷차림 첫인상 인상착의

(1) A: 도둑의 ______ 을/를 기억하고 있습니까?
B: 네. 키가 크고 검정색 점퍼에 바지를 입고 있었어요.

(2) A: 나타샤 씨, 남편을 처음 만났을 때 느낌이 어땠어요?
B: 키가 크고 멋있게 생겨서 ______ 이/가 아주 좋았어요.

10

준비합시다 단원의 문법 항목에 대해 2~3개의 연습을 제시하여 정확한 문법 사용 능력을 기를 수 있도록 설계하였습니다. 이 부분에서 다룬 연습 문제는 교재의 문법 학습 시에 함께 사용할 수 있으며, 학습자 스스로 복습 자료로 사용할 수도 있습니다.

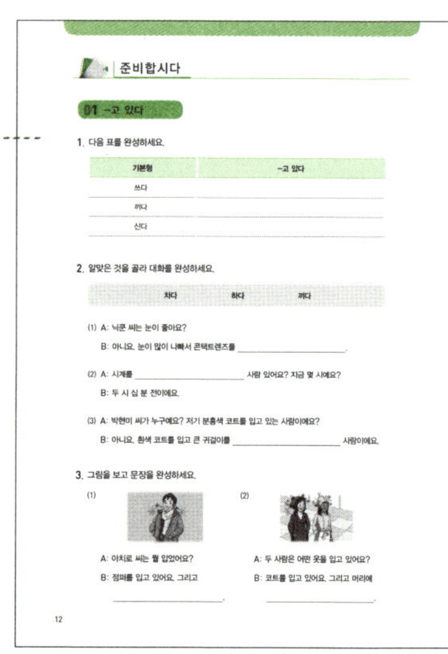

준비합시다

01 -고 있다

1. 다음 표를 완성하세요.

기본형	-고 있다
쓰다	
끼다	
신다	

2. 알맞은 것을 골라 대화를 완성하세요.

차다 하다 끼다

(1) A: 닉쿤 씨는 눈이 좋아요?
B: 아니요. 눈이 많이 나빠서 콘택트렌즈를 ______.

(2) A: 시계를 ______ 사람 있어요? 지금 몇 시예요?
B: 두 시 십 분 전이에요.

(3) A: 박현미 씨가 누구예요? 저기 분홍색 코트를 입고 있는 사람이에요?
B: 아니요. 흰색 코트를 입고 큰 귀걸이를 ______ 사람이에요.

3. 그림을 보고 문장을 완성하세요.

(1) A: 아치로 씨는 뭘 입었어요?
B: 점퍼를 입고 있어요. 그리고 ______.

(2) A: 두 사람은 어떤 옷을 입고 있어요?
B: 코트를 입고 있어요. 그리고 머리에 ______.

12

말해 봅시다 단원의 Part 3에서 다룬 발음, Part 1, Part 2에서 다룬 표현(기능 표현)과 말하기 과제를 연습하는 부분입니다. 워크북의 대화는 교재의 말하기 과제와 상황은 유사하지만 내용이 일부 변형되어 있으므로 교재 학습 후에 추가 자료로 사용할 수 있습니다. 변형된 말하기 대화를 읽고 내용 이해를 점검할 수 있는 연습 문제도 제공되어 있습니다.

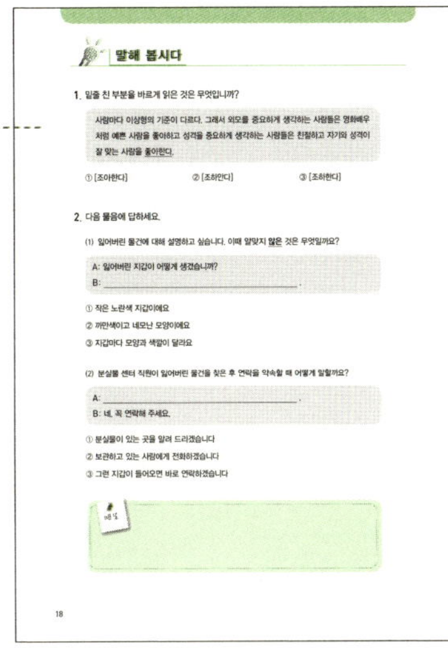
말해 봅시다

1. 밑줄 친 부분을 바르게 읽은 것은 무엇입니까?

2. 다음 물음에 답하세요.

(1) 잃어버린 물건에 대해 설명하고 싶습니다. 이때 알맞지 않은 것은 무엇일까요?

A: 잃어버린 지갑이 어떻게 생겼습니까?

① 작은 노란색 지갑이에요
② 까만색이고 네모난 모양이에요
③ 지갑마다 모양과 색깔이 달라요

(2) 분실물 센터 직원이 잃어버린 물건을 찾은 후 연락을 약속할 때 어떻게 말할까요?

B: 네, 꼭 연락해 주세요.

① 분실물이 있는 곳을 알려 드리겠습니다
② 보관하고 있는 사람에게 전화하겠습니다
③ 그런 지갑이 들어오면 바로 연락하겠습니다

18

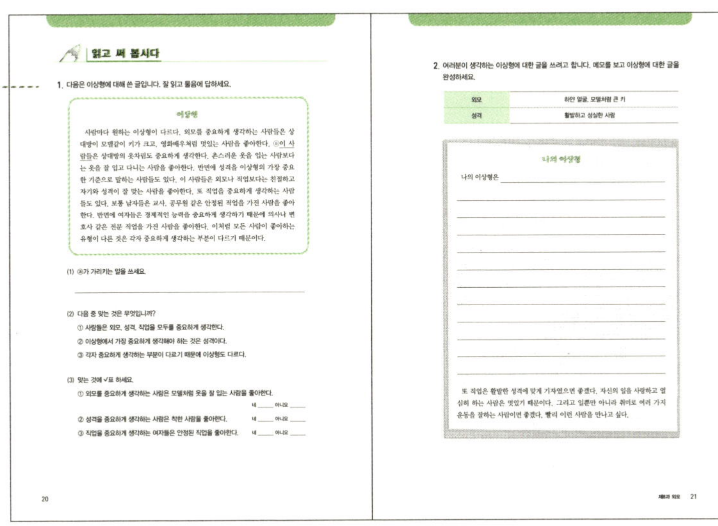
읽고 써 봅시다

1. 다음은 이상형에 대해 쓴 글입니다. 잘 읽고 물음에 답하세요.

(2) 다음 중 맞는 것은 무엇입니까?

(3) 맞는 것에 ✓표 하세요.

20

2. 여러분이 생각하는 이상형에 대한 글을 쓰려고 합니다. 메모를 보고 이상형에 대한 글을 완성하세요.

나의 이상형

21

읽고 써 봅시다 읽기와 쓰기의 통합 연습입니다. '읽기'는 짧고 간단한 글에서 좀더 길고 복잡한 글로 확장하여 제시하였습니다. 그리고 읽기 주제, 과제와 관련된 글쓰기를 제시하였습니다. '쓰기'는 주어진 자료를 참고해서 글을 쓸 수 있도록 구성하였습니다. 이것은 유도된 쓰기를 통해 학습자 부담을 줄여 주고자 하는 의도입니다. '정답' 부분에 모범글을 제시하였으므로 학습자 스스로 확인 학습이 가능할 것입니다.

제 8 과 외모 *Outward Appearance*

어휘

1. 알맞은 것을 골라 쓰세요.

흰색	회색	주황색	초록색	검정색

(1) 과일마다 색이 다르다. 바나나와 레몬은 노란색이고 귤과 오렌지는 ____________ 이다.

(2) 피아노의 건반은 흰색과 ____________ 으로 되어 있다.

(3) 면접시험을 보러 갈 때 ____________ 이나 검정색 같이 화려하지 않은 색깔의 옷을 입는 것이 좋다.

(4) 여름에는 나뭇잎의 색깔이 ____________ 이고 가을에는 나뭇잎의 색깔이 노란색과 빨간색이다.

(5) 겨울에 내리는 눈이나 빵을 만들 때 사용하는 밀가루의 색깔은 ____________ 이다.

2. 알맞은 것을 골라 대화를 완성하세요.

이상형	앞머리	옷차림	첫인상	인상착의

(1) A: 도둑의 ____________ 을/를 기억하고 있습니까?

B: 네. 키가 크고 검정색 점퍼에 바지를 입고 있었어요.

(2) A: 나타샤 씨, 남편을 처음 만났을 때 느낌이 어땠어요?

B: 키가 크고 멋있게 생겨서 ____________ 이/가 아주 좋았어요.

(3) A: 내일 학교에서 등산을 가는데 어떤 ____________________이/가 좋을까요?

B: 활동이 편한 바지와 티셔츠를 입는 게 좋을 것 같아요.

(4) A: 미셸 씨는 어떤 스타일을 좋아해요?

B: 제 ____________________은/는 영화배우처럼 잘생긴 사람이에요.

(5) A: 티엔 씨, 머리 모양이 바뀌었군요. 더 귀여워요.

B: 네. 어제 ____________________을/를 잘랐어요. 어울려요?

3. 알맞은 것을 골라 연결하고 대화를 완성하세요.

(1) 꽃다발 •	• 높다
(2) 눈 •	• 통하다
(3) 말 •	• 들다
(4) 배낭 •	• 매다
(5) 넥타이 •	• 메다

(1) A: 오늘 신부를 도와줄 친구가 누구지요?

B: 분홍색 원피스를 입고 ____________________ 사람이에요.

(2) A: 마이클 씨는 왜 여자 친구가 없을까요?

B: 마이클 씨는 정말 ____________________. 예쁘고 똑똑한 여자만 좋아해요.

(3) A: 어제 만난 사람 어땠어요? 마음에 들었어요?

B: 네. 외모도 마음에 들었고 무엇보다 ____________________ 좋았어요.

(4) A: 이 배낭 디자인도 좋고 색깔도 예쁘네요.

B: 손님, 한번 ____________________ 보세요. 잘 어울릴 것 같아요.

(5) A: 마이클 씨는 왜 항상 ____________________ 학교에 와요?

B: 퇴근 후에 바로 학교에 오기 때문에 항상 정장 차림인 거예요.

준비합시다

01 -고 있다

1. 다음 표를 완성하세요.

기본형	-고 있다
쓰다	
끼다	
신다	

2. 알맞은 것을 골라 대화를 완성하세요.

차다	하다	끼다

(1) A: 닉쿤 씨는 눈이 좋아요?

B: 아니요. 눈이 많이 나빠서 콘택트렌즈를 ____________________.

(2) A: 시계를 ____________________ 사람 있어요? 지금 몇 시예요?

B: 두 시 십 분 전이에요.

(3) A: 박현미 씨가 누구예요? 저기 분홍색 코트를 입고 있는 사람이에요?

B: 아니요. 흰색 코트를 입고 큰 귀걸이를 ____________________ 사람이에요.

3. 그림을 보고 대화를 완성하세요.

(1)

A: 이치로 씨는 뭘 입었어요?

B: 점퍼를 입고 있어요. 그리고

____________________.

(2)

A: 두 사람은 어떤 옷을 입고 있어요?

B: 코트를 입고 있어요. 그리고 머리에

____________________.

(3)

A: 나타샤 씨는 무슨 옷을 입었어요?

B: 블라우스를 입고 있어요. 그리고

_____________________________.

(4)

A: 한준영 씨는 어떤 옷차림을 하고 있어요?

B: 양복을 입고 있어요. 그리고 눈이 나빠서

_____________________________.

(5)

A: 장소이 씨는 뭘 입었어요?

B: 청바지를 입고 있어요. 그리고

_____________________________.

(6)

A: 현미 씨는 어떤 옷차림을 하고 있어요?

B: 웨딩드레스를 입고 있어요. 그리고 손에

_____________________________.

02 -게

1. 다음 표를 완성하세요.

기본형	-게
크다	
싸다	
높다	
멋있다	
길다	
어렵다	
빠르다	

2. 알맞은 것을 골라 대화를 완성하세요.

싸다	크다	달다	짧다
바쁘다	어렵다	자세하다	재미있다

(1) A: 깨우 씨, 커피에 설탕을 몇 숟가락 넣을까요?

B: 세 숟가락 넣어 주세요. 저는 커피를 ______________ 마시거든요.

(2) A: 주말에 놀이공원에 잘 다녀왔어요?

B: 네. 친구들과 정말 ______________ 놀았어요.

(3) A: 준영 씨, 요즘 어떻게 지내요?

B: 저는 요즘 새벽에 영어 학원에 다녀요. 그리고 오전에 학교 수업을 듣고 저녁 때 아르바이트를 해요. 그래서 조금 피곤해요.

A: 그렇군요. 정말 ______________ 지내는군요.

(4) A: 이 청바지는 7만 8천 원이에요.

B: 너무 비싸요. 좀 ______________ 해 주시면 안 될까요?

(5) A: 머리를 어떻게 잘라 드릴까요?

B: 너무 ______________ 자르지 마세요.

(6) A: 라디오 소리가 잘 안 들려요. 소리를 좀 ______________ 해 주시겠어요?

B: 네. 그렇게 해 드릴게요.

(7) A: 나타샤 씨, 케이크 만드는 방법을 알아요? 이번 주가 어머니 생신이거든요.

B: 그래요? 제가 하나하나 ______________ 설명해 드릴게요.

(8) A: 선생님, 저는 한국어 중에서 쓰기가 제일 어려워요.

B: 너무 ______________ 생각하지 마세요. 매일 일기를 써 보세요. 그러면 쓰기를 잘할 수 있을 거예요.

03 처럼

1. 그림을 보고 대화를 완성하세요.

(1) 

A: 아이가 어떻게 생겼어요?

B: 아이는 ________________ 예쁘게 생겼어요.

(2) 

A: 이게 뭐예요? 사탕이에요?

B: 아니요. ________________ 생긴 치즈예요.

(3) 

A: 이 과일은 이름이 뭐예요?

B: ________________ 생겨서 스타 프루트라고 해요.

2. 알맞은 것을 골라 대화를 완성하세요.

새	시계	가족	얼음

(1) A: 티엔 씨, 왜 손이 ________________ 차가워요?

B: 장갑을 안 끼었거든요.

(2) A: 장소이 씨, 하숙집은 어때요? 하숙집 아주머니, 친구들과 친하게 잘 지내요?

B: 네. 우리 모두 ________________ 가깝게 지내고 있어요.

(3) A: 미셸 씨가 기차가 출발하기 전에 도착할까요?

B: 그럼요. 미셸 씨는 ________________ 약속을 잘 지키는 사람이니까 올 거예요.

(4) A: 비행기는 누가 발명했지요?

B: 라이트 형제(Wright brothers)가 발명했어요. 그 사람들은 ________________ 날고 싶어서 비행기를 만들었어요.

04 마다

1. 마이클의 일정표입니다. 일정표를 보고 문장을 완성하세요.

일	월	화	수	목	금	토
1 교회	2	3	4	5 수영	6 극장	7 테니스
8 교회	9	10 출장	11	12 수영	13 공항	14 테니스
15 교회	16	17	18	19 수영	20	21 테니스

(1) 마이클 씨는 ____________ 교회에 갑니다.

(2) 마이클 씨는 ____________ 수영합니다.

(3) 마이클 씨는 ____________ 테니스를 칩니다.

2. 알맞은 것을 골라 대화를 완성하세요.

사람	학교	물건	박물관

(1) A: 일요일에 태국에서 온 친구들과 박물관에 가려고 해요. 일요일에도 열까요?

B: ____________ 휴일이 다르니까 가기 전에 꼭 확인해 보세요.

(2) A: 여기에 있는 것 전부 30% 세일해요?

B: 대부분 30%를 세일하지만 ____________ 조금씩 달라요.

(3) A: 음식이 좀 짜지 않아요?

B: 아니요. ____________ 입맛이 다르네요. 저는 괜찮아요.

(4) A: 현미 씨, 한국 대학교에 입학하고 싶어요. 어떤 서류를 준비해야 돼요?

B: ____________ 준비해야 할 서류가 다르니까 잘 알아보세요. 깨우 씨가 가고 싶은 대학교에 전화하거나 홈페이지에서 확인해 보세요.

05 ㅎ불규칙

1. 다음 표를 완성하세요.

기본형	–아/어요	–(으)ㄴ
노랗다		
빨갛다		
그렇다		
동그랗다		

2. 알맞은 것을 골라 대화를 완성하세요.

그렇다	까맣다	노랗다	어떻다	동그랗다	하얗다

(1) A: 장소이 씨, 저 ________________ 옷 어때요? 장소이 씨에게 잘 어울릴 것 같아요.

B: 저는 검정색 옷이 많이 있어요. 그래서 이번엔 밝은 색 옷을 사고 싶어요.

(2) A: 봄에 피는 꽃 중에서 어떤 꽃을 좋아해요?

B: 저는 ________________ 개나리가 좋아요.

(3) A: 깨우 씨, 밖을 보세요. 눈이 정말 많이 왔어요.

B: 정말이네요. 온 세상이 ________________. 저는 눈이 오는 것을 오늘 처음 봐요.

(4) A: 잃어버린 가방이 이 네모난 가방 맞아요?

B: 아니요. 제 것은 ________________ 가방이에요.

(5) A: 왕카이 씨, 오늘 받아쓰기 시험을 보는 거 알지요?

B: ________________? 어제 결석해서 몰랐어요.

(6) A: 미셸 씨는 ________________ 사람을 좋아해요?

B: 저는 조용하고 독서를 많이 하는 사람을 좋아해요.

말해 봅시다

1. 밑줄 친 부분을 바르게 읽은 것은 무엇입니까?

사람마다 이상형의 기준이 다르다. 그래서 외모를 중요하게 생각하는 사람들은 영화배우처럼 예쁜 사람을 좋아하고 성격을 중요하게 생각하는 사람들은 친절하고 자기와 성격이 잘 맞는 사람을 좋아한다.

① [조아한다] ② [조하안다] ③ [조하한다]

2. 다음 물음에 답하세요.

(1) 잃어버린 물건에 대해 설명하고 싶습니다. 이때 알맞지 **않은** 것은 무엇일까요?

A: 잃어버린 지갑이 어떻게 생겼습니까?
B: ________________________________.

① 작은 노란색 지갑이에요
② 까만색이고 네모난 모양이에요
③ 지갑마다 모양과 색깔이 달라요

(2) 분실물 센터 직원이 잃어버린 물건을 찾은 후 연락을 약속할 때 어떻게 말할까요?

A: ________________________________.
B: 네. 꼭 연락해 주세요.

① 분실물이 있는 곳을 알려 드리겠습니다
② 보관하고 있는 사람에게 전화하겠습니다
③ 그런 지갑이 들어오면 바로 연락하겠습니다

메모

3. 다음 대화를 읽고 물음에 답하세요.

나타샤 영민 씨, 혹시 오후에 시간이 있어요?

박영민 네. 무슨 일이 있어요?

나타샤 사실 여동생이 오늘 한국에 와서 제가 공항에 마중하러 가기로 했어요. 그런데 오늘 아침부터 아이가 많이 아파서 못 갈 것 같아요. 영민 씨가 마중하러 좀 나가줄 수 있어요?

박영민 그럼요. 제가 마중하러 갈게요. 그런데 ⓐ____________________?

나타샤 키가 작고 인형처럼 귀엽게 생겼어요. 청바지에 하얀 티셔츠를 입고 있을 거예요. 이름은 아샤예요.

박영민 아샤 씨요? 그런데 나타샤 씨의 여동생은 한국말을 잘해요?

나타샤 조금 할 수 있어요. 지금 러시아에서 한국말을 배우고 있거든요.

박영민 그렇군요. 그럼 비행기 편명을 여기에 써 주시겠어요?

나타샤 비행기는 4시 30분에 도착하는 KE923편이에요. 고마워요.

박영민 알겠어요. 그럼 여동생을 만나면 바로 전화할게요.

(1) ⓐ에 들어갈 말은 무엇입니까? 써 보세요.

____

(2) 다음 중 아샤 씨에 대한 설명으로 맞지 <u>않는</u> 것은 무엇입니까?

① 인형처럼 귀엽게 생겼다.

② 청바지를 입고 있을 것이다.

③ 한국 사람처럼 한국말을 잘한다.

(3) 맞는 것에 ✓표 하세요.

① 나타샤 씨는 아이 때문에 마중하러 갈 수 없다. 네 ______ 아니요 ______

② 아샤 씨는 한국에서 한국말을 배운 적이 있다. 네 ______ 아니요 ______

③ 박영민 씨가 공항에 도착하면 나타샤 씨에게 전화할 것이다. 네 ______ 아니요 ______

읽고 써 봅시다

1. 다음은 이상형에 대해 쓴 글입니다. 잘 읽고 물음에 답하세요.

> **이상형**
>
> 사람마다 원하는 이상형이 다르다. 외모를 중요하게 생각하는 사람들은 상대방이 모델같이 키가 크고, 영화배우처럼 멋있는 사람을 좋아한다. ⓐ이 사람들은 상대방의 옷차림도 중요하게 생각한다. 촌스러운 옷을 입는 사람보다는 옷을 잘 입고 다니는 사람을 좋아한다. 반면에 성격을 이상형의 가장 중요한 기준으로 말하는 사람들도 있다. 이 사람들은 외모나 직업보다는 친절하고 자기와 성격이 잘 맞는 사람을 좋아한다. 또 직업을 중요하게 생각하는 사람들도 있다. 보통 남자들은 교사, 공무원 같은 안정된 직업을 가진 사람을 좋아한다. 반면에 여자들은 경제적인 능력을 중요하게 생각하기 때문에 의사나 변호사 같은 전문 직업을 가진 사람을 좋아한다. 이처럼 모든 사람이 좋아하는 유형이 다른 것은 각자 중요하게 생각하는 부분이 다르기 때문이다.

(1) ⓐ가 가리키는 말을 쓰세요.

____

(2) 다음 중 맞는 것은 무엇입니까?

① 사람들은 외모, 성격, 직업을 모두 중요하게 생각한다.

② 이상형에서 가장 중요하게 생각해야 하는 것은 성격이다.

③ 각자 중요하게 생각하는 부분이 다르기 때문에 이상형도 다르다.

(3) 맞는 것에 √표 하세요.

① 외모를 중요하게 생각하는 사람은 모델처럼 옷을 잘 입는 사람을 좋아한다. 네 ______ 아니요 ______

② 성격을 중요하게 생각하는 사람은 친절한 사람을 좋아한다. 네 ______ 아니요 ______

③ 직업을 중요하게 생각하는 여자들은 안정된 직업을 좋아한다. 네 ______ 아니요 ______

2. 여러분이 생각하는 이상형에 대한 글을 쓰려고 합니다. 메모를 보고 이상형에 대한 글을 완성하세요.

외모	모델처럼 큰 키, 하얀 얼굴
성격	활발하고 성실한 사람

나의 이상형

나의 이상형은 ______________________________

____

____

____

____

____

____

____

____

____

____

____

또 직업은 활발한 성격에 맞게 기자였으면 좋겠다. 자신의 일을 사랑하고 열심히 하는 사람은 멋있기 때문이다. 그리고 일뿐만 아니라 취미로 여러 가지 운동을 잘하는 사람이면 좋겠다. 빨리 이런 사람을 만나고 싶다.

제 9 과 특별한 날 *Special Days*

어휘

1. 알맞은 것을 골라 연결하고 대화를 완성하세요.

(1) 송편 ·	· 받다
(2) 소원 ·	· 빌다
(3) 차례 ·	· 만들다
(4) 보름달 ·	· 지내다
(5) 세뱃돈 ·	· 구경하다

(1) A: 한국 사람들은 추석 전날 저녁에 보통 뭐 해요?

B: 가족들이 모두 모여서 추석 때 먹을 ______________________.

(2) A: 장소이 씨, 어제 생일 케이크 촛불을 끌 때 어떤 ______________________?

B: 대학교 합격을 기도했어요.

(3) A: 한국 사람들은 언제 ______________________?

B: 조상들에게 감사하는 마음을 표현하려고 명절 때마다 지내요.

(4) A: 추석날 밤에 특별히 하는 게 있어요?

B: 네. 밤하늘의 ______________________.

(5) A: 이치로 씨, 한국에서 세배를 드려 봤어요?

B: 네. 작년 설날에 한국 친구 집에서 세배를 드렸어요. 친구의 할아버지와 할머니께 세배를 드리고 ______________________.

2. 알맞은 것을 골라 대화를 완성하세요.

연휴	외식	야유회

(1) A: 현미 씨, 어제 저녁에 뭐 했어요?

B: 가족들과 ________________ 을/를 했어요. 오랜만에 가족과 밖에서 식사를 하니까 좋았어요.

(2) A: 이번 주 금요일에 회사 동료들과 ________________ 을/를 갈 거예요.

B: 그래요? 요즘 날씨도 좋은데 야외에서 동료들과 재미있는 시간을 보내세요.

(3) A: 이치로 씨, 추석 ________________ 동안 뭐 할 거예요?

B: 월요일에는 한국 친구의 집에 가서 친구 가족들과 전통 놀이도 하고, 송편도 먹고 놀 거예요. 화요일과 수요일은 기숙사 친구들과 경주에 놀러 가기로 했어요.

3. 알맞은 것을 고르세요.

(1) A: 얀 씨, 정장을 입었네요. 오늘 어디에 가요?

B: 네. 한국 친구의 결혼식이 있어서 ______________ 에 가요.

① 공연장　　② 예식장　　③ 행사장

(2) A: 사진 속에 이 아기는 누구예요? 왕카이 씨를 좀 닮았어요.

B: 제 ______________ 예요/이에요. 작년에 누나가 낳은 둘째 아기예요.

① 조카　　② 아들　　③ 손자

(3) A: 내일 등산을 가려고 하는데 뭐가 필요해요?

B: 요즘 햇볕이 ______________ 선글라스나 모자를 준비하세요.

① 진하니까　　② 더우니까　　③ 강하니까

(4) A: 깨우 씨, 아직도 공부하고 있어요? 언제 기숙사에 돌아갈 거예요?

B: 오늘 숙제가 좀 많아서요. 숙제를 ______________ 갈 거예요.

① 내고　　② 끝내고　　③ 물으러

준비합시다

01 (이)나, 밖에

1. 알맞은 것을 골라 대화를 완성하세요.

열 개	한 벌	오천 원

(1) A: 왕카이 씨, 정장이 많아요?

B: 아니요. 청바지는 많은데 정장은 ______________ 없어요.

(2) A: 어제 말한 책을 샀어요?

B: 아니요. 책값은 만 원인데 주머니에 돈이 ______________ 없어서 못 샀어요.

(3) A: 이치로 씨, 수업 후에 같이 식사할래요?

B: 미안해요. 수업 전에 빵을 ______________ 먹어서 배가 불러요.

2. 그림을 보고 대화를 완성하세요.

(1) 

A: 죄송하지만, 펜 하나만 빌려 줄 수 있어요?

B: 미안해요. 저도 볼펜이 ______________

______________.

(2) 

A: 현미 씨, 어제 생일 파티에 사람들이 많이 왔어요?

B: 네. 세 명을 초대했는데 ______________

______________.

(3) 

A: 나타샤 씨, 얼굴이 왜 그래요? 잠을 많이 못 잤어요?

B: 네. 시험 때문에 ______________

______________.

02 -(으)면서

1. 다음 표를 완성하세요.

기본형	-(으)면서
보다	
읽다	
만들다	
듣다	
줍다	
젓다	

2. 알맞은 것을 골라 대화를 완성하세요.

보다	읽다	듣다	마시다	이야기하다

(1) A: 나타샤 씨, 현미 씨는 지금 뭐 하고 있어요?

B: 현미 씨는 친구와 커피를 ________________ 이야기하고 있어요.

(2) A: 깨우 씨, 뭐 하고 있었어요?

B: 음악을 ________________ 공부하고 있었어요.

(3) A: 누가 마이클 씨예요?

B: 저기 이치로 씨와 ________________ 가는 사람이 마이클 씨예요.

(4) A: 장소이 씨, 지금 뭐 하고 있어요?

B: 책을 ________________ 버스를 기다리고 있어요.

(5) A: 왕카이 씨, 영화를 보기 전에 팝콘을 살까요?

B: 네. 좋아요. 영화를 ________________ 팝콘을 먹읍시다.

03 -(으)ㄴ/는데

1. 다음 표를 완성하세요.

기본형	-았/었는데	-(으)ㄴ데/는데	-(으)ㄹ 건데
크다			X
많다			X
멀다			X
춥다			X
사다			
먹다			
만들다			
듣다			
돕다			

2. 알맞은 것을 골라 대화를 완성하세요.

먹다	가다	내리다	배우다

(1) A: 지금 밖에 비가 많이 ______________ 우산을 가져왔어요?

B: 네. 가져왔어요. 아침에 일기예보를 봤거든요.

(2) A: 빠콘 씨, 지난주에 명동에 가서 뭐 먹었어요?

B: 명동에서 칼국수를 ______________ 아주 맛있었어요.

(3) A: 마이클 씨, 요즘 뭐 하고 지내요?

B: 요즘 중국어 학원에서 중국어를 ______________ 조금 어려워요.

(4) A: 얀 씨, 다음 달에 친구하고 일본에 ______________ 뭘 하는 게 좋을까요?

B: 유명한 온천에도 가고 박물관 구경도 해 보세요.

3. 알맞은 것을 골라 연결하고 대화를 완성하세요.

(1) 배가 고프다 ·	· 오늘은 여유가 있다
(2) 내용은 재미있다 ·	· 모르는 단어가 너무 많다
(3) 일이 많아서 바쁘다 ·	· 냉장고에 먹을 것이 없다

(1) A: 장소이 씨, 점심 먹었어요?

B: 아니요. 지금 너무 배가 ______________________.

저하고 같이 학생 식당에서 점심을 먹을래요?

(2) A: 왕카이 씨, 선생님에게서 빌린 책 다 읽었어요? 재미있어요?

B: 네. 내용은 ______________________.

(3) A: 마이클 씨, 오늘 바빠요?

B: 아니요. 어제까지는 일이 ______________________.

04 에서도, 에서만

1. 알맞은 것을 골라 대화를 완성하세요.

에도	에서는	(으)로만
(으)로도	에게도	에게서도

(1) A: 깨우 씨, 이치로 씨가 왜 계속 학교에 안 와요? 연락해 봤어요?

B: 네. 휴대 전화로 연락했는데 안 받아요. 어제는 이메일__________ 연락했는데 아직 답장이 없어요.

(2) A: 여기에서 담배를 피워도 돼요?

B: 죄송합니다. 여기는 금연 구역입니다. 금연 구역__________ 담배를 피우면 안 됩니다.

(3) A: 장소이 씨, 크리스마스 카드를 누구에게 보낼 거예요?

B: 가족들에게 보낼 거예요. 그리고 우리 반 친구들__________ 보낼 거예요.

(4) A: 여러분, 지금은 한국어 수업 시간이니까 한국어__________ 말하세요.

B: 네, 알겠습니다.

(5) A: 박현미 씨, 저에게 전화 온 거 없습니까?

B: 있습니다. 김수진 씨한테서 왔고 왕카이 씨__________ 왔습니다.

(6) A: 1층 화장실에 사람이 너무 많아요. 화장실이 또 어디에 있어요?

B: 2층하고 3층__________ 있어요.

2. 알맞은 것을 골라 ⬭ 표 하세요.

(1) A: 내일 반 모임이 취소됐어요? 그 이야기를 누구한테서 들었어요?

B: 장소이 씨한테서 들었어요. 그리고 선생님(한테서는, 한테서만, 한테서도) 들었어요.

(2) A: 한국어 책을 어디에서 살 수 있어요?

B: 학교 안에 있는 서점에서 살 수 있고 학교 정문 앞에 있는 서점(에서는, 에서만, 에서도) 팔아요.

(3) A: 그 공연은 매일 해요?

B: 아니요. 매주 수요일(에는, 에만, 에도) 해요.

(4) A: 빠콘 씨, 생일날 선물로 뭘 받았어요?

B: 반 친구들에게서 한국 노래 CD를 선물로 받았어요. 그리고 고향 친구(한테서는, 한테서만, 한테서도) 손으로 쓴 편지를 받았어요.

(5) A: 조금 전에 은행에 갔는데 문을 닫았어요. 급하게 돈을 보내야 하는데 어떻게 하지요?

B: 은행에서는 보낼 수 없지만 현금 인출기(로는, 로만) 돈을 보낼 수 있으니까 그걸 이용하세요.

05 -고 나서

1. 알맞은 것을 골라 대화를 완성하세요.

김치를 썰다	대기표를 뽑다	종이를 올려놓다	가입 신청서를 쓰다

(1) A: 이 복사기를 어떻게 사용합니까?

B: 먼저 복사할 ______________________ '복사'버튼을 누르면 돼요.

(2) A: 이 은행에서 통장을 만들고 싶은데요.

B: 그러세요? 그럼 먼저 ______________________ 순서를 기다리시면 통장을 만들어 드리겠습니다.

(3) A: 현미 씨, 김치볶음밥을 만드는 방법을 좀 가르쳐 주세요.

B: 먼저 ______________________ 밥과 같이 볶으세요. 볶을 때 소금을 조금 넣으면 맛있어요.

(4) A: 저 가수의 팬클럽 회원이 되고 싶은데 어떻게 해야 돼요?

B: 먼저 홈페이지에서 ______________________ 등록하면 돼요.

2. 알맞은 것을 골라 대화를 완성하세요.

창문을 열다 / 청소하다	준비 운동하다 / 수영하다	물을 끓이다 / 라면을 넣다

(1) A: 청소할 때는 먼저 ______________________.

B: 네, 알겠습니다.

(2) A: 깨우 씨, 라면을 끓이는 방법을 알아요?

B: 네. 어렵지 않아요. 먼저 ______________________.

(3) A: 수영을 할 때 주의해야 할 게 있어요?

B: 네, 수영하기 전에 먼저 ______________________.

말해 봅시다

1. 밑줄 친 부분을 바르게 읽은 것은 무엇입니까?

> 이번 추석 연휴에는 학교에 많은 행사가 있었다. 우리 반 친구들은 특별한 계획이 없어서 거의 모두 학교에서 재미있는 시간을 보냈다.

① [거히]　　② [거이]　　③ [거에]

2. 다음 물음에 답하세요.

(1) 계획을 아직 세우지 못했을 때 어떻게 말할까요?

> A: 이번 방학 때 뭐 할 거예요?
> B: 글쎄요. ______________________.

① 아직 결정을 못 했어요

② 결정하는 게 어렵지 않아요

③ 특별한 계획을 세울 거예요

(2) 어떤 일에 대한 기대가 있음을 표현할 때 어떻게 말할까요?

> A: 이번 연휴에 부산으로 여행을 갈 건데 같이 갈래요?
> B: 좋아요. ______________________.

① 많이 기대하세요

② 앞으로 기대하겠어요

③ 벌써부터 기대가 돼요

메모

3. 다음 대화를 읽고 물음에 답하세요.

한준영 마이클 씨, 이번 주말에 등산 동아리에서 북한산에 가는데 마이클 씨도 가지요?

마이클 네. 그런데 ⓐ ______________________?

한준영 등산복을 입고 등산화를 신고 가는 게 좋아요. 또 모자도 준비하는 게 좋겠어요.

마이클 운동화를 신으면 안 돼요? 운동화는 세 켤레나 있는데 등산화는 없어서요.

한준영 운동화를 신어도 괜찮아요. 모자는 있어요? 햇볕이 강해서 모자가 꼭 필요하거든요.

마이클 그럼 모자를 하나 사야겠어요.

한준영 그러세요.

마이클 또 필요한 건 없어요?

한준영 등산하면서 마실 물과 간단한 음식도 준비해 오세요.

마이클 그래요? 그럼, 물과 김밥을 가져가는 게 좋겠군요.

한준영 네, 그게 좋겠어요.

(1) ⓐ에 들어갈 수 **없는** 말은 무엇입니까?

① 뭘 가져가는 게 좋을까요

② 뭘 입고 가는 게 좋을까요

③ 어떤 옷차림을 하는 게 좋을까요

(2) 내용과 **다른** 것은 무엇입니까?

① 등산할 때 모자가 없어도 된다.

② 등산할 때 운동화를 신어도 된다.

③ 등산갈 때 간단한 음식을 가져가는 게 좋다.

(3) 맞는 것에 ✓표 하세요.

① 마이클 씨는 등산화가 없다. 네 ____ 아니요 ____

② 마이클 씨는 등산복을 살 것이다. 네 ____ 아니요 ____

③ 마이클 씨는 등산 갈 때 물과 김밥을 준비할 것이다. 네 ____ 아니요 ____

읽고 써 봅시다

1. 다음은 학교 신문의 기사입니다. 잘 읽고 물음에 답하세요.

우리 학교 '설날 대잔치'

'설날'은 음력으로 1월 1일이다. 한국 사람들은 한 해를 시작하는 '설날'에 가족들이 모두 모여서 맛있는 음식도 먹고, 전통 놀이도 하면서 즐겁게 보낸다. 보통 설날 아침에는 떡국을 먹는데 한국 사람들은 '설날 아침에 떡국을 먹어야 나이를 한 살 더 먹는다.'라고 생각한다.

오늘 학교에서는 한국에서 새해를 보내는 외국인 학생들을 위해 '설날 대잔치'를 준비했다. 오전에는 학생 식당에서 무료로 떡국을 먹을 수 있었고, 오후에는 제기차기, 줄다리기, 윷놀이 등 여러 가지 전통 놀이를 했다. 학교 대강당에서는 예쁜 한복도 빌려 주었는데 한복을 처음 입어 보는 학생들에게 인기가 많았다. 빠콘 씨(태국, 3급)는 "한복을 입으니까 한국 사람이 된 것 같아요."라고 웃으면서 말했다. 오늘 행사 중에서 학생들이 가장 좋아한 것은 여러 가지 전통 놀이였다. 마이클 씨(미국, 2급)는 "저는 윷놀이가 제일 재미있었어요. 윷놀이는 혼자 하는 게 아니라 친구들과 같이 하는 놀이라서 더 재미있는 것 같아요. 고향에 돌아가서 가족들에게도 가르쳐 줄 거예요."라고 말했다.

오늘 학교에서 준비한 많은 행사 덕분에 외국인 학생들은 외롭지 않은 하루를 보냈다. 외국인 학생들에게 오늘의 경험은 잊지 못할 추억이 될 것이다.

박현미 기자
phm2011@ewha.com

(1) 다음 '설날'에 대한 설명으로 맞지 **않는** 것은 무엇입니까?

① 설날은 음력 1월 1일이다.

② 한국 사람들은 설날 아침에 떡국을 먹는다.

③ 한국 사람들은 설날에 한복을 빌려 입는다.

(2) 마이클 씨는 왜 윷놀이를 제일 좋아했습니까?

____.

(3) 맞는 것에 ✓표 하세요.

① 외국인 학생들은 무료로 떡국을 먹었다. 네 ______ 아니요 ______

② 빠른 씨는 윷놀이를 제일 잘했다. 네 ______ 아니요 ______

③ 마이클 씨는 가족들에게 한국의 전통 놀이를 소개할 것이다. 네 ______ 아니요 ______

2. 다음은 '설날 대잔치' 일정표입니다. 일정을 보고 일기를 완성하세요.

일정표	
9:00~10:00	학생 식당에서 아침 식사(떡국)
10:00~11:00	한복 입고 사진 찍기(반 친구들과 선생님)
11:00~12:00	전통 놀이(제기차기)

2월 3일 목요일

오늘은 설날이다. 오늘 학교에서 우리를 위해 '설날 대잔치'를 준비했다. 아침에 학생 식당에서 떡국을 먹었는데 너무 맛있어서 두 그릇이나 먹었다. 아침을 먹고 나서 ______________________________

____

____

____

____

____

____

____

한국에 와서 처음 보내는 설날을 특별하게 보낼 수 있어서 정말 의미 있는 하루였다. 오늘 찍은 사진을 고향에 계신 부모님과 친구들에게 빨리 보내야겠다.

제 10 과 공공장소 *Public Places*

어휘

1. 알맞은 것을 골라 대화를 완성하세요.

우표를 붙이다	저울에 올리다	편지를 배달하다	소포를 포장하다	항공편으로 보내다

(1) A: 이 소포를 미국에 보내려고 하는데요. 무게가 얼마나 될까요?

B: 여기 ______________________. 2KG입니다. 요금은 2만 원입니다.

(2) A: 부산에 이 편지를 부치려고 하는데 얼마짜리 ______________________ 돼요?

B: 손님, 잠시만요. 이걸 붙이시면 돼요.

(3) A: 이걸 배로 보내면 시간이 얼마나 걸릴까요?

B: 배는 적어도 한 달 걸릴 거예요. 빨리 보내시려면 ______________________.

(4) A: 집배원 아저씨, 오늘 눈이 와서 여기저기로 ______________________ 게 힘드시죠?

B: 아니에요. 생각보다 길이 안 미끄러워서 괜찮습니다.

(5) A: 실례지만 이 우체국에는 ______________________ 곳이 따로 있어요? 깨지는 거라서요.

B: 네. 저쪽에 보이는 창구로 가시면 포장해 줄 거예요.

2. 알맞은 것을 고르세요.

(1) A: 언제 이 책을 도서관에 ________________?

B: 내일 돌려줄 거예요. 내일까지 하지 않으면 벌금을 내야 하거든요.

① 반납할 거예요 ② 검색할 거예요 ③ 클릭할 거예요

(2) A: 수잔 씨, 우리 기숙사에 친구를 데리고 올 수 없습니다. 꼭 이걸 지켜 주셔야 합니다.

B: 네. 알겠습니다.

A: 만약 규칙을 두 번 이상 ______________ 기숙사를 나가야 합니다.

① 어기면　　② 정하면　　③ 고치면

(3) A: 책을 빌리는 데 필요한 도서 대출증은 어디에서 만들어 줘요?

B: 그거요? 도서관 1층 안내에 신청하면 금방 ______________.

① 바뀌어요　　② 발급돼요　　③ 취소돼요

(4) A: 이 영화 봤어요?

B: 네. 그런데 너무 재미없고 ______________ 도중에 나왔어요.

① 모자라서　　② 지루해서　　③ 훌륭해서

(5) A: 우리 강아지 사진이에요. 귀엽지요?

B: 정말 예쁘네요. 그런데 언제부터 강아지를 ______________?

① 받았어요　　② 찾았어요　　③ 키웠어요

3. 알맞은 것을 골라 쓰세요.

환전	요금	신분증	비밀번호	현금 인출기

(1) ______________ : 은행에 저금한 돈을 찾을 때 사용하는 기계.

(2) ______________ : 자신이 누구인지를 증명할 수 있는 것, 예를 들어 여권, 주민등록증, 외국인등록증 등.

(3) ______________ : 어떤 물건이나 서비스를 이용할 때 내는 돈.

(4) ______________ : 은행이나 컴퓨터 등을 이용할 때 자신만 알고 사용하는 번호.

(5) ______________ : 가지고 있는 돈을 다른 나라 돈으로 바꾸는 것.

준비합시다

01 -는 대로

1. 다음 표를 완성하세요.

기본형	-는 대로
가다	
먹다	
만들다	
듣다	

2. 알맞은 것을 골라 대화를 완성하세요.

쓰다	끝나다	만들다	결정되다	도착하다

(1) A: 은경 씨, 다음 달에 어디로 여행 가기로 했어요? 저도 시간이 되는데 같이 가요.

B: 좋아요. 그런데 갈 곳을 아직 못 정했어요. ______________ 알려 줄게요.

(2) A: 여보, 그럼 출장 다녀올게요. 아이들 잘 부탁해요.

B: 알겠어요. 걱정 말고 다녀와요. 그리고 출장지에 ______________ 전화하세요.

(3) A: 김 기자, 요즘 인기 있는 영화를 소개하는 신문 기사는 다 썼어요?

B: 거의 다 됐습니다. 기사를 다 ______________ 부장님 이메일로 보내 드리겠습니다.

(4) A: 마이클 씨, 미안해요. 일이 아직 안 끝나서 출발을 못 했어요.

B: 알겠어요. 모두 기다리고 있으니까 일이 ______________ 오세요.

(5) A: 계좌 번호를 알려 주시면 그쪽으로 돈을 보낼게요.

B: 죄송해요. 아직 통장을 만들지 못했어요. 통장을 ______________ 다시 연락 드릴게요.

02 -(으)ㄹ 것

1. 다음은 주의 사항에 대한 내용입니다. 그림을 보고 문장을 완성하세요.

(1)

220V를 ________________.

(2)

흔들어서 ________________.

(3)

도서관에서 ________________.

(4)

세탁한 후 ________________.

2. 다음은 나의 새해 결심입니다. 알맞은 것을 골라 문장을 완성하세요.

듣다	읽다	끊다	고치다	전화하다

새해에는 꼭 지키자!

(1) 올해에는 담배를 꼭 ______________________________.

(2) 늦잠 자는 버릇을 ______________________________.

(3) 책은 한 달에 한 권씩 ______________________________.

(4) 자기 전에 한국어 CD를 반드시 ______________________________.

(5) 부모님께 일주일에 한 번 ______________________________.

03 대신(에)

1. 알맞은 것을 골라 대화를 완성하세요.

밥	꿩	부모님	큰 여행 가방

(1) A: 아침에 밥은 먹었어요?

B: 아니요. 오늘 늦게 일어나서 ____________________ 커피 한 잔 마시고 왔어요.

(2) A: 현미 씨, 지난번에 아팠을 때는 누가 도와주었어요? 부모님은 고향에 계시지 않아요?

B: 네, 맞아요. 그래서 그때 ____________________ 같은 방 친구가 간호해 주었어요.

(3) A: 여행 갈 짐은 다 쌌어요? 가방은 지난번에 말한 큰 걸로 가져갈 거예요?

B: 그거 너무 커서 안 가져갈 거예요. ____________________ 작은 걸로 가져가려고요.

(4) A: 한국말 속담 중에 '____________________ 닭'이라는 말이 무슨 뜻이에요?

B: 꼭 맞는 게 없을 때 그걸 대신하는 경우를 말하는 거예요.

2. 다음 대화를 완성하세요.

(1) A: 자동차가 없었을 때 무엇을 타고 다녔을까요?

B: ____________________ 옛날에는 가마를 탔어요.

(2) A: 도서관에 가는데 혹시 책 빌릴 거 있어요?

B: 반납할 게 있는데 ____________________ 반납해 주시겠어요?

(3) A: 어렸을 때 할머니가 깨우 씨를 키워 주셨어요?

B: 네. 어머니가 일을 하셔서 ____________________ 할머니와 있을 때가 많았어요.

(4) A: 선생님이 어떤 선물을 받으면 좋아하실까요? 큰 화분은 어떨까요?

B: 그거 비싸요. ____________________ 우리가 쓴 편지를 드리면 더 좋아하실 것 같아요.

04 -는 길에

1. 다음 표를 완성하세요.

기본형	-는 길에
가다	
오다	
지나다	
돌아가다	
내려오다	
귀국하다	
출근하다	

2. 알맞은 표현을 골라 대화를 완성하세요.

편의점에 가다	산에서 내려오다	학교 앞을 지나다	커피숍에서 나오다
병문안을 가다	동아리 모임에 가다	한국으로 돌아오다	회사에서 퇴근하다

(1) A: 미안해요. 잡지를 사 오는 걸 깜박 잊어버렸어요.

B: 괜찮아요. 제가 우유를 사러 ______________________ 사면 돼요.

(2) A: 지난 토요일에 영화배우 현빈을 우연히 봤어요.

B: 정말요? 어디에서요?

A: 커피를 마시고 ______________________ 봤어요.

(3) A: 여보, 붕어빵을 먹고 싶은데 집에 올 때 사 오면 안 돼요?

B: 알았어요. ______________________ 사 갈게요.

(4) A: 안녕하세요? 바쁘게 어디에 가세요?

B: 네. 친구가 입원해서 병원에 ______________________.

(5) A: 장소이 씨, 등산은 잘 다녀왔어요?

B: 네. 경치가 아주 좋았어요. 특히 ______________________ 폭포가 있었는데 정말 멋있어요.

(6) A: 이 초콜릿은 언제 산 거예요?

B: 고향에서 ______________________ 비행기 안에서 샀어요.

(7) A: 깨우 씨, 동아리 모임에 가는 거 아니었어요? 왜 다시 학교에 왔어요?

B: ______________________ 교실에 우산을 두고 온 게 생각나서 다시 왔어요.

(8) A: 민호 씨, 오랜만이에요. 무슨 일로 여기까지 찾아왔어요?

B: 선생님, 잘 지내셨죠? ______________________ 선생님 얼굴을 뵈려고 잠깐 들렀어요.

05 -다가

1. 다음 표를 완성하세요.

기본형	-다가
가다	
먹다	
만들다	
듣다	
짓다	

2. 알맞은 것을 골라 대화를 완성하세요.

가다	깎다	만들다	공부하다
살다	걷다	잠자다	숙제하다

(1) A: 실례지만, 도서관이 어디에 있어요?

B: 똑바로 ______________________ 기숙사 앞에서 오른쪽으로 가시면 돼요.

(2) A: 공부가 잘 안 될 때는 어떻게 해요?

B: 저는 ______________________ 집중이 안 되면 음악을 들어요.

(3) A: 티엔 씨는 어디에 있어요?

B: 조금 전까지 여기에서 과일을 ______________________ 잠깐 전화 받으러 나갔어요.

(4) A: 여보세요, 나타샤 씨? 지금 뭐 하고 있었어요?

B: ______________________ 조금 전에 일어났어요.

(5) A: 어제 쓰기 숙제 다 하고 잤어요?

B: 아니요. ______________________ 졸려서 잠이 들었어요.

(6) A: 딸기잼을 만들어 본 적이 있어요?

B: 네. 그런데 ______________________ 실패했어요. 너무 설탕을 많이 넣어서요.

(7) A: 어렸을 때 한국에 얼마 동안 살았어요?

B: 중학교 때 한 2년 정도 ______________________ 미국으로 다시 돌아갔어요.

(8) A: 이 노래는 어떻게 만들었어요?

B: 길을 ______________________ 갑자기 멜로디가 생각나서 노래로 지었어요.

말해 봅시다

1. 밑줄 친 부분을 바르게 읽은 것은 무엇입니까?

> 한국어로 된 소설책을 읽고 싶어서 어제 친구들과 책을 사러 서점에 갔다.

① [익고]　　② [익꼬]　　③ [일꼬]

2. 다음 물음에 답하세요.

(1) 신청한 현금 카드가 발급되었음을 말할 때 어떻게 할까요?

> A: 손님, ______________________________.
> B: 네. 감사합니다.

① 여기 카드가 나왔습니다

② 카드 번호를 좀 알려 주세요

③ 이 카드는 사용할 수 없습니다

(2) 우체국 직원이 소포에 들어 있는 내용물에 대해 물을 때 어떻게 말할까요?

> A: 손님, ______________________________?
> B: 책하고 수첩이에요.

① 안에 들어 있는 건 뭐예요

② 이걸 어떻게 보내 드릴까요

③ 내용물을 다시 포장하시겠어요

메모

3. 다음 대화를 읽고 물음에 답하세요.

직원 어서 오세요. ⓐ ______________________________?

손님 런던으로 소포를 보내려고 하는데 도착까지 시간이 얼마나 걸릴까요?

직원 거기까지 배편은 두 달, 항공편은 일주일쯤 걸려요.

손님 두 달이나요? 급한 거니까 항공편으로 해 주세요.

직원 네, 알겠습니다. 여기 저울 위에 소포를 올려 주세요. (잠시 후) 6kg입니다. 여기 신청서에 보내는 사람과 받는 사람 이름, 두 사람 전화번호를 써 주세요. 요금은 6만7천9백 원입니다.

손님 네, 알겠습니다. 그런데 이 안에 깨지는 게 들어 있어요. 배달하다가 깨지면 안 돼요.

직원 그럼 소포에 '조심히 다룰 것.'이라고 직접 써 주세요.

손님 네, 알겠습니다. 그런데 전화번호는 왜 쓰는 거예요?

직원 소포가 런던에 있는 분에게 전달되는 대로 손님에게 연락이 갈 겁니다.

손님 그렇군요. 알겠습니다.

(1) ⓐ에 들어갈 말은 무엇입니까? 써 보세요.

____

(2) 소포를 보낸 사람에게 언제 연락을 합니까?

① 소포가 한국을 출발하면 바로

② 받는 사람에게 소포가 도착하면 바로

③ 소포를 배달하다가 문제가 생기면 바로

(3) 맞는 것에 ✓표 하세요.

① 소포를 배로 보내면 2개월이 걸린다. 네 ______ 아니요 ______

② 손님이 보내는 소포에는 깨지는 물건이 들어 있다. 네 ______ 아니요 ______

③ 배달 신청서에 보내는 사람과 받는 사람 이름, 주소, 전화번호, 무게를 써야 한다.

네 ______ 아니요 ______

읽고 써 봅시다

1. 다음은 기숙사 생활 규칙에 대한 게시의 글입니다. 잘 읽고 물음에 답하세요.

> 기숙사 생활 규칙
>
> 다음은 기숙사의 생활 규칙입니다. 학생들은 다음을 꼭 지켜 주십시오.
>
> - 학기 초에 기숙사에 입실하는 대로 기숙사 사무실에 알릴 것.
> - 방에 외부 사람을 데리고 오지 말 것.
> - 기숙사 출입문은 카드 열쇠 대신 학생증 사용 가능.
> - 기숙사에서 담배를 절대 피우지 말 것. 담배를 피우다가 걸리면 기숙사를 나가야 하니까 특별히 주의할 것.
> - 방에서 가스레인지, 전기밥솥, 난로 등을 절대 사용하지 말 것.
> - 외박을 할 경우, 기숙사 사무실에 미리 말할 것.
> - 방학 중에 기숙사를 이용할 학생은 방학 일주일 전에 기숙사 홈페이지에 신청할 것.

(1) 다음 중 기숙사 생활 규칙에 맞게 생활하는 사람은 누구입니까?

① 마이클: 기숙사가 추워서 방에서 난로를 사용했다.

② 왕카이: 집이 먼 친구를 데리고 와서 기숙사에서 같이 잤다.

③ 제시카: 기숙사 출입문 열쇠를 잃어버려서 열쇠 대신 학생증을 사용했다.

(2) 기숙사에 처음 들어와서 바로 해야 하는 일은 무엇입니까?

① 기숙사 선생님에게 학생증을 보여 드려야 한다.

② 기숙사 홈페이지에 카드 열쇠를 신청해야 한다.

③ 기숙사 사무실에 자신이 들어온 사실을 말해야 한다.

(3) 맞는 것에 ✓표 하세요.

① 기숙사에서 담배를 피우면 기숙사를 나가야 한다. 네 ______ 아니요 ______

② 친구 집에서 자고 온 후 기숙사 사무실에 말하면 된다. 네 ______ 아니요 ______

③ 방학에도 기숙사를 이용하려면 기숙사 홈페이지에 미리 신청해야 한다.
네 ______ 아니요 ______

2. 다음은 학교에서 어긴 규칙 내용과 그 상황입니다. 다음을 읽고 규칙을 어긴 경험에 대해 글을 써 보세요.

어긴 규칙 내용	규칙을 어긴 상황
수업 시간에 휴대 전화를 끄지 않았다.	수업 전에 휴대 전화를 끄는 것을 잊어버렸다. ⇨ 수업 중에 어머니한테서 전화가 왔다.
교실에서 컵라면을 먹었다.	아침밥을 못 먹어서 배가 너무 고팠다. ⇨ 학교에 오는 길에 컵라면을 샀다. ⇨ 친구들이 오기 전에 교실에서 먹었다. ⇨ 라면 냄새 때문에 친구들과 선생님이 알았다.

학교 규칙을 어긴 경험

학교에서 재미있게 공부하려면 우리 모두 규칙을 잘 지켜야 한다. 그런데 나는 며칠 전에 규칙을 몇 가지 어겼다. 지금부터 그 이야기를 하려고 한다.

____

그 일이 있은 후부터 나는 절대로 규칙을 어기지 않는다. 앞으로 규칙을 잘 지킬 것이다.

제 11 과 초대 *Invitation*

어휘

1. 알맞은 것을 골라 쓰세요.

취향	집들이	연락처	진수성찬

(1) ____________ : 각자가 좋아하는 성향.

(2) ____________ : 아주 잘 차린 맛있는 음식.

(3) ____________ : 연락하기 위해 필요한 전화번호, 이메일 등.

(4) ____________ : 이사한 후에 친한 친구들을 초대해서 여는 파티.

2. 알맞은 것을 골라 글을 완성하세요.

장을 보다	음식을 차리다	손님을 마중하다
손님을 배웅하다	손님을 대접하다	

오늘은 친구들을 집으로 초대하는 날이다. 그래서 아침 일찍 (1)____________ ____________ 시장에 갔다. 여러 가지 재료를 사 가지고 와서 요리를 했다. 음식을 다 만든 후 서둘러서 식탁에 (2)____________. 친구들이 우리 집에 오는 길을 잘 모르기 때문에 남편은 (3)____________ 나갔다.

친구들은 도착해서 우리 집을 구경하고 내가 만든 음식을 맛있게 먹었다. 그렇지만 나는 계속 (4)____________ 돼서 음식을 잘 먹지 못했다. 집에 갈 시간이 돼서 친구들이 돌아갈 때는 집 밖에까지 나가서 (5)____________. 몸은 피곤했지만 오늘 참 즐거웠다.

3. 알맞은 것을 골라 대화를 완성하세요.

전하다	연기하다	상의하다	참석하다

(1) A: 손님, 이 집은 어떻습니까? 전망도 좋고 교통도 편해서 인기가 많습니다.

B: 집은 마음에 드는데 가격이 좀 비싸군요. 가족들과 ________________ 보고 결정해야 할 것 같아요.

(2) A: 여보세요, 김은미 선생님 계십니까?

B: 김 선생님은 지금 수업 중이신데요.

A: 그래요? 소포 배달을 왔는데요. 이걸 좀 ________________ 주시겠습니까?

(3) A: 장소이 씨, 월요일 약속을 뒤로 미뤄야 할 것 같아요. 갑자기 일이 생겨서요.

B: 알겠어요. 그럼 약속을 다음 주 수요일로 ________________ 게 어때요?

(4) A: 오늘 회의에 저도 가야 돼요?

B: 이치로 씨가 담당하는 일이 아니니까 ________________ 않아도 될 것 같아요.

4. 알맞은 것을 골라 대화를 완성하세요.

목이 마르다	자리에 앉다	기억에 남다	병문안을 가다

(1) A: 깨우 씨, ________________? 왜 그렇게 물을 급하게 마셔요?

B: 운동을 하고 난 후여서 갈증이 나요.

(2) A: 프랑크 씨는 도서관에서 매일 같은 ________________ 공부를 하는군요.

B: 네. 이 자리가 조용하고 좋아요.

(3) A: 지금까지 본 영화 중에서 특별히 ________________ 영화가 있어요?

B: 영화 'The Sound of Music'을 아주 좋아해요. 지금까지 열 번도 넘게 봤어요.

(4) A: 왕카이 씨, 꽃은 왜 샀어요?

B: 친구가 아파서 병원에 입원했어요. 그래서 ________________ 꽃을 샀어요.

준비합시다

01 -(으)ㅁ

1. 다음 표를 완성하세요.

기본형	-(으)ㅁ
가다	
앉다	
듣다	
열다	
돕다	

2. 대화를 읽고 두 사람의 다음 주 계획을 메모하세요.

장소이 티엔 씨, 다음 주 월요일에 시간 돼요? 이치로 씨 송별회를 하려고요.

티엔 어, 그래요? 어떻게 하지요? 월요일 저녁에 베트남에서 친구가 와서 (1)공항에 친구를 마중하러 가려고 해요. 화요일은 어때요?

장소이 화요일은 시간이 안 돼요. (2)미셸 씨 집에 가서 같이 쿠키를 만들기로 했어요. 친구가 오면 다음 주에는 좀 바쁘겠네요?

티엔 네. 수요일에는 (3)수업 후에 서울 시내를 구경하고, 목요일에는 (4)춘천에 가서 닭갈비를 먹을 거예요. 금요일은 괜찮아요?

장소이 어디 봅시다. 금요일 오후가 좋을 것 같아요. 티엔 씨는 어때요?

티엔 네. 저도 좋아요. 그럼 (5)금요일 6시에 만나요.

(1) 월: ______________________.

(2) 화: ______________________.

(3) 수: ______________________.

(4) 목: ______________________.

(5) 금: ______________________.

02 -기(를) 바라다

1. 좋은 일에 말하는 축하 인사입니다. 알맞은 것을 골라 대화를 완성하세요.

행복하다	가득하다	건강하시다

(1) A: 새해 복 많이 받으세요.

B: 마이클 씨도 새해 복 많이 받으세요. 새해에는 좋은 일만 ____________________.

(2) A: 결혼 축하 드립니다.

B: 이렇게 와 주셔서 정말 감사합니다.

A: 두 분 오래오래 ____________________.

B: 감사합니다. 행복하게 잘 살게요.

(3) A: 할아버지, 생신 축하 드립니다. 항상 ____________________.

B: 고맙다. 너희들도 건강해라.

2. 하숙집에서 지켜야 하는 주의 사항입니다. 알맞은 것을 골라 글을 완성하세요.

오다	잠그다	지키다	남기지 말다

안녕하세요. 새로 들어오신 여러분을 환영합니다. 몇 가지 주의 사항을 알려 드립니다. 방 안에서는 요리를 할 수 없고, 담배도 피울 수 없습니다. 그리고 외출할 때는 문을 꼭 (1)____________________.

하숙집은 여러 사람이 사용하는 공간입니다. 샤워 후에는 욕실을 반드시 깨끗하게 정리해 주세요. 욕실 사용 시간은 오전 5시부터 밤 1시까지입니다. 사용 시간을 꼭 (2)____________________.

식사 시간도 꼭 지켜 주세요. 식사 시간은 아침, 저녁 모두 7시부터 9시까지입니다. 9시 전까지는 식당에 (3)____________________.
그리고 가능하면 음식을 (4)____________________.

03 아무나, 아무거나, 아무 데나

1. 다음 표를 완성하세요.

누구?	
무엇?	
어디에?	
어디에서?	
언제?	

2. 알맞은 것을 골라 대화를 완성하세요.

아무나　　아무거나　　아무 데나　　아무 때나　　아무 데서나　　아무에게나

(1) A: 이 상품권은 한 백화점에서만 사용해야 되나요?

B: 아닙니다. 서울에 있는 백화점이면 ____________ 사용해도 괜찮습니다.

(2) A: 수료식에서 대표로 소감을 발표하는 사람은 누구를 시킬까요?

B: 모두 한국말을 잘하니까 ____________ 시켜도 괜찮을 것 같아요.

(3) A: 어디 가서 식사할까요?

B: 지금 배가 너무 고파요. 이 근처 ____________ 가서 뭘 좀 먹었으면 좋겠어요.

(4) A: 이 옷이 나타샤 씨에게 어울릴까요?

B: 키도 크고 날씬하니까 ____________ 입어도 잘 어울릴 거예요.

(5) A: 언제 전화 드릴까요?

B: 저녁에는 바쁘지 않으니까 저녁에 ____________ 전화 주세요.

(6) A: 이 서류를 어디에 내야 되나요?

B: 접수창구에 있는 직원 ____________ 내시면 됩니다.

04 -잖아요

1. 다음 표를 완성하세요.

기본형	-잖아요	-았/었잖아요	-(으)ㄹ 거잖아요
예쁘다			X
작다			X
살다			
듣다			
짓다			

2. 알맞은 것을 골라 대화를 완성하세요.

시험 기간이다	아이들은 금방 크다	한 시간은 걸리다
아까 가방에 넣었다	같은 수업을 들었다	

(1) A: 왕카이 씨는 어디 갔어요? 항상 이 시간에는 집에 있는데.

B: 다음 주가 ______________. 그래서 도서관에 갔어요.

(2) A: 제 지갑 봤어요? 여기 탁자에 둔 것 같은데 안 보여요.

B: ______________. 가방을 한번 확인해 보세요.

(3) A: 저기 꽃다발을 들고 있는 사람이 누구지요?

B: 왕카이 씨도 아는 사람이에요. 저 친구와 지난 학기에 ______________.

(4) A: 12시 비행기니까 11시 30분 정도까지 가면 되지 않아요?

B: 아니에요. 탑승 수속 시간이 ______________. 11시까지는 가야 돼요.

(5) A: 아이가 5살밖에 안 됐는데 너무 큰 신발을 사는 거 아니에요?

B: ______________. 지금 딱 맞는 것을 사면 내년에 작아서 못 신어요.

3. 알맞은 것을 골라 ◯ 표 하세요.

(1) A: 이번 여름에 태국으로 여행 가려고 하는데 어떻게 하면 좀 싸게 갈 수 있을까요?

B: 아는 태국 친구들이 (많잖아요, 많군요). 그 친구들한테 한번 물어보세요.

(2) A: 나타샤 씨, 또 까만 코트를 샀어요? 나타샤 씨는 까만 코트가 (있잖아요, 있는데요).

B: 그래요. 그런데 전 까만색이 좋아요.

(3) A: 미셸 씨, 수업 끝나고 같이 식사할래요?

B: 미안해요. 식사 못할 것 같아요. 갑자기 다른 약속이 (생겼잖아요, 생겼거든요).

(4) A: 장소이 씨가 말한 그 맛있는 식당이 어디에 있는 거예요?

B: 마이클 씨, 저랑 같이 (가 봤잖아요, 가 봐서요). 학교 정문 건너편에 있는 그 식당이에요.

(5) A: 여보세요. 현금인출기가 고장이 (났잖아요, 났는데요). 지금 와 주실 수 있어요?

B: 네, 알겠습니다. 5분 내로 가겠습니다.

(6) A: 우리 내일 등산 가기로 한 거요. 어디에서 만나기로 했지요?

B: 깨우 씨, 제가 아까 (이야기했잖아요, 이야기했으니까요). 로비에서 만나기로 했어요.

05 -(으)ㄴ/는데요

1. 다음 표를 완성하세요.

기본형	-았/었는데요	-(으)ㄴ/는데요	-(으)ㄹ 건데요
크다			X
많다			X
멀다			X
만들다			
듣다			
돕다			

2. 알맞은 것을 골라 대화를 완성하세요.

맵다	오다	먹을 거다	외출했다
매진됐다	구입했다	잃어버렸다	

(1) A: 이번 주말 7시 공연으로 R석 예약이 가능한가요?

B: 손님, 죄송하지만 R석은 ______________________. S석은 있습니다.

(2) A: 여보세요, 거기 왕카이 씨 방이지요? 왕카이 씨와 통화할 수 있을까요?

B: 왕카이 씨는 조금 전에 ______________________. 아마 저녁에 들어올 거예요.

(3) A: 어제 이 치마를 ______________________. 사이즈가 커서 교환하려고요.

B: 그러세요? 영수증을 보여 주세요.

(4) A: 이 김치찌개 너무 맛있지요?

B: 전 좀 ______________________.

A: 그래요? 매우면 이 계란찜을 좀 드셔 보세요.

(5) (은행에서)

A: 손님, 어떻게 오셨습니까?

B: 현금 카드를 ______________________.

A: 그러세요? 그럼 먼저 이 분실 신고 서류를 써 주세요.

(6) A: 닉쿤 씨 못 봤어요? 닉쿤 씨만 안 온 것 같아요.

B: 네. 아직 안 왔어요.

C: 잠깐만요. 저기 ______________________.

(7) A: 흐엉 씨, 밥 먹었어요?

B: 지금 ______________________.

A: 그래요? 나랑 같이 먹어요. 저도 마침 식사하려고 했거든요.

말해 봅시다

1. 밑줄 친 부분을 바르게 읽은 것은 무엇입니까?

저희 동아리를 만든 지 벌써 2년이 <u>됐는데요</u>. 2주년 기념으로 파티를 열려고 합니다.

① [된는데요] ② [됀는데요] ③ [되쓴데요]

2. 다음 물음에 답하세요.

(1) 다른 사람에게 메모를 부탁하려고 할 때 어떻게 말할까요?

A: ________________________________?
B: 네, 잠깐만 기다리세요. 말씀하세요.

① 메모를 남기시겠어요
② 메모를 전해 드릴까요
③ 메모를 좀 전해 주시겠어요

(2) 친구와 만나는 시간이 언제든지 괜찮습니다. 이때 하는 말로 알맞지 <u>**않은**</u> 것은 무엇입니까?

A: 우리 언제 만날까요?
B: ________________________________.

① 저는 아무 때나 괜찮아요
② 아무 때나 되는 건 아니에요
③ 마이클 씨가 편한 시간으로 하세요

메모

3. 다음 대화를 읽고 물음에 답하세요.

나타샤 미셸 씨, 내일 저녁에 하는 소피 씨 음악회에 갈 거지요?
미셸 물론이지요. 꽃다발은 제가 준비할게요.
나타샤 그런데 꽃다발 말고 다른 선물을 하면 어떨까요? 꽃다발은 다른 사람들도 다 하는 선물이잖아요. 아무나 하는 선물이 아니라 좀 특별한 선물을 했으면 좋겠는데요.
미셸 그럼 어떤 선물을 할까요?
나타샤 케이크는 어때요? 꽃다발보다 실용적이고 음악회를 준비한 다른 사람들과도 먹을 수 있어요.
미셸 좋아요. 제가 케이크를 만들어 봤으니까 같이 케이크를 만들어서 선물하면 어때요?
나타샤 ⓐ______________________. 그럼 내일 오후에 같이 만들래요?
미셸 네, 좋아요. 내일 전화할게요.

(1) ⓐ에 들어갈 말로 알맞지 **않은** 것은 무엇입니까?

① 괜찮은데요 ② 그거 맞아요 ③ 그거 좋겠네요

(2) 선물로 케이크가 좋은 이유는 무엇입니까?

① 가격이 비싸지 않다.
② 사람들과 같이 먹을 수 있다.
③ 꽃다발보다 더 쉽게 살 수 있다.

(3) 맞는 것에 ✓표 하세요.

① 나타샤 씨는 꽃다발이 너무 특별한 선물이라서 반대했다. 네 ____ 아니요 ____
② 두 사람은 케이크를 만들어서 선물할 예정이다. 네 ____ 아니요 ____
③ 두 사람은 내일 오후에 만나기로 했다. 네 ____ 아니요 ____

읽고 써 봅시다

1. 다음은 동아리 회장이 게시판에 올린 글입니다. 잘 읽고 물음에 답하세요.

일일 찻집에서 일할 분을 모집합니다!

저희 중국어 동아리를 만든 지 벌써 2년이 됐는데요. 연말을 맞이해서 이웃을 돕는 자리를 준비했습니다. 바로 일일 찻집입니다. 회비를 모아서 카페를 빌렸습니다. 찻집을 해서 번 돈으로는 어려운 이웃을 도우려고 합니다.

동아리 회원 분들 중에서 일일 찻집에 점원으로 일할 분과 공연할 분을 모집합니다. 자세한 일정은 아래를 참고하세요. 관심 있는 분들은 많이 참여해 주시기 바랍니다.

- **모집 분야** 점원(오후 5시부터 오후 10시까지 일할 수 있는 사람이어야 함)
  동아리 공연 팀(공연은 노래, 악기 연주, 춤 등, 아무거나 다 괜찮음)
- **일시** 12. 26.(토) 오후 6시~오후 9시
- **장소** 학교 앞 '동그라미' 카페
- **신청** ewhalove@ewha.ac.kr

(1) 이 글은 무엇에 대한 글입니까?

① 동아리에서 할 공연에 대해 안내하는 글

② 동아리 행사에 참여할 사람을 구하는 글

③ 동아리에 새로 가입할 회원을 모집하는 글

(2) 이 동아리는 왜 일일 찻집을 합니까?

____

(3) 맞는 것에 ✓표 하세요.

① 카페를 빌리는 돈은 따로 모을 예정이다. 네 ______ 아니요 ______

② 동아리 회원들은 점원으로 일할 수 있다. 네 ______ 아니요 ______

③ 노래, 춤, 악기 연주가 아닌 다른 공연은 할 수 없다. 네 ______ 아니요 ______

2. 다음은 일일 찻집에 대한 정보를 간단히 쓴 메모입니다. 메모를 보고 프로그램을 선택해서 친구에게 초대의 이메일을 보내세요.

초대 날짜와 시간	12. 26.(토) 오후 6시~오후 9시
일일 찻집 장소	학교 앞 동그라미 식당
프로그램 소개	• 오후 6:00~6:30 피아노 연주 공연 • 오후 7:00~7:30 비보이(B-boy) 춤 공연 • 오후 8:00~8:30 마술 공연

보낸 사람 phm@hitmail.com

받는 사람 soy@ewha.ac.kr

제목 장소이 씨, 동아리 일일 찻집에 오세요!

안녕하세요? 장소이 씨.

우리 동아리에서 하는 일일 찻집에 초대하려고 연락했어요. 그 날 번 돈으로는 어려운 이웃을 도울 거예요.

일일 찻집을 하는 날짜는 12월 26일이고, ________________

____

____

____

____

____

____

____

오랜만에 만나서 이야기도 하고, 어려운 이웃도 도우면 좋잖아요. 시간 있으면 꼭 오세요! 기다릴게요.

박현미 올림

Transportation and Life

제 12 과 교통과 생활

어휘

1. 그림을 보고 다음에서 알맞은 것을 골라 쓰세요.

길을 막다	길이 막히다	신호가 바뀌다	다른 길로 돌아가다

(1) 

____

(2) 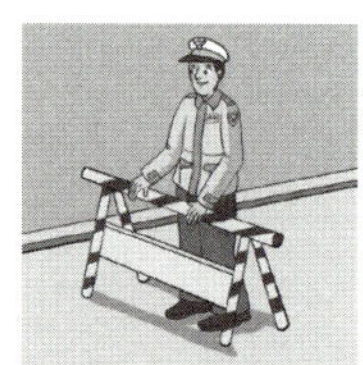

____

(3) 

____

(4) 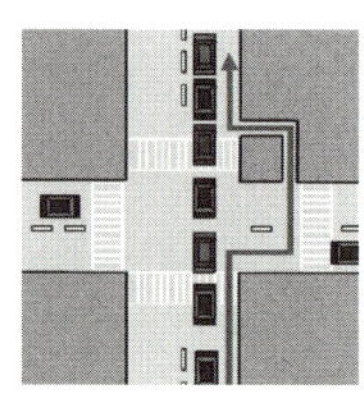

____

2. 알맞은 것을 골라 연결하고 대화를 완성하세요.

(1) 버스 •	• 나다
(2) 신호 •	• 하다
(3) 택시 •	• 잡다
(4) 교통사고 •	• 어기다
(5) 음주 운전 •	• 놓치다

(1) A: 마이클 씨, 왜 이렇게 늦었어요?

B: 미안해요. ______________________ 늦었어요. 제가 정류장에 도착하자마자 버스가 출발했거든요.

(2) A: 빨간불이지만 바쁘니까 그냥 갈까요?

B: 아니요. ______________________ 안 돼요. 교통법규를 잘 지켜야 해요.

(3) A: 이 근처에서는 어디에서 ______________________ 수 있어요?

B: 여기에는 빈 택시가 거의 없어요. 큰길에 나가면 택시가 많아요.

(4) A: 요즘 날씨가 춥고 눈도 많이 와서 운전을 조심히 해야 해요.

B: 맞아요. 눈 오는 날은 길이 미끄러워서 자주 ______________________ .

(5) A: 맥주 한 잔밖에 안 마셨는데 그냥 운전하면 안 될까요?

B: 안 돼요. ______________________ 절대 안 돼요.

3. 알맞은 것을 골라 대화를 완성하세요.

우회전	목적지	대중교통	고속도로

(1) A: 현미 씨, 택배가 뭐예요?

B: 택배는 짐이나 물건을 손님이 원하는__________까지 배달해 주는 일을 말해요.

(2) A: 이번 설에 고향에 갈 때 무엇을 타고 갈 거예요?

B: __________을/를 이용할 거예요. 자가용보다 시간을 줄일 수 있고 덜 피곤하거든요.

(3) A: 여보, __________에서는 차가 빨리 달리니까 운전 조심히 해요.

B: 네, 알겠어요. 조심할게요.

(4) A: 현미 씨, 근처에 우체국이 어디에 있어요?

B: 학교 앞 사거리에서 __________을/를 하세요. 사거리에서 오른쪽으로 가면 바로 보일 거예요.

준비합시다

01 –(으)ㄴ/는지 알다

1. 다음 표를 완성하세요.

기본형	–(으)ㄴ/는지 알다	–았/었는지 알다	–(으)ㄹ 건지 알다
예쁘다			×
많다			×
춥다			×
길다			×
보다			
읽다			
살다			
듣다			
돕다			

2. '–(으)ㄴ/는지 알다, 모르다'를 사용하여 대화를 완성하세요.

(1) A: 왕카이 씨, 진차오 씨가 누구와 제일 ____________________?

B: 진차오 씨는 얀 씨와 친해요. 지난 학기에 같은 반이었거든요.

(2) A: 이 도자기가 얼마나 ____________________?

B: 그럼요. 조선 시대 도자기니까 600년 정도 되었어요.

(3) A: 준영 씨가 이번 학기에는 무슨 과목을 들어요? 혹시 알아요?

B: 아니요. 저도 준영 씨가 무슨 과목을 ____________________.

(4) A: 장소이 씨, 구두가 아주 예쁘네요. 어디에서 샀어요?

B: 작년에 산 거라서 어디에서 ____________________.

(5) A: 미셸 씨, 이번 생일 파티 때 뭘 입을 거예요?

B: 글쎄요. 아직 뭘 ______________________. 아직 결정하지 못했어요.

(6) A: 현미 씨, 도서관에서 책을 빌리고 싶은데 무엇이 ______________________?

B: 도서관에서 책을 빌리려면 학생증이 필요해요.

(7) A: 이치로 씨, 서울에서 제주도까지 비행기 값이 얼마예요?

B: 글쎄요. 비행기 값이 ______________________.

(8) A: 어제 학교에 왜 그렇게 사람이 ______________________?

B: 네. 어제 사람이 많은 이유는 학교에 유명한 가수들이 와서 공연을 해서예요.

02 (으)로 해서

1. 다음 표를 완성하세요.

	(으)로 해서
제주도	
설악산	

2. 다음을 보고 문장을 완성하세요.

	출발지 ⇨ 경유지 ⇨ 목적지
1번 고속버스	서울 ⇨ 마산 ⇨ 부산
2번 고속버스	서울 ⇨ 전주 ⇨ 광주
3번 고속버스	서울 ⇨ 대전 ⇨ 경주
4번 고속버스	서울 ⇨ 춘천 ⇨ 강릉

(1) 1번 고속버스는 ______________________________ 부산에 갑니다.

(2) 2번 고속버스는 ______________________________ 광주에 갑니다.

(3) 3번 고속버스는 ______________________________ 경주에 갑니다.

(4) 4번 고속버스는 ______________________________ 강릉에 갑니다.

3. 여름 휴가에 이치로, 장소이, 마이클, 미셸 씨는 제주도에 가려고 합니다. 다음 그림을 보고 문장을 완성하세요.

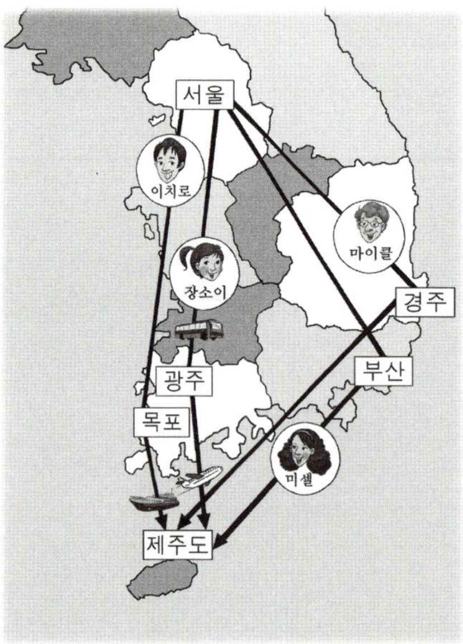

(1) 이치로 씨는 ____________________

제주도에 가려고 합니다. 배를 타고 제주도에 가고 싶기 때문입니다.

(2) 장소이 씨는 ____________________

제주도에 가려고 합니다. 고속버스와 비행기를 이용하면 교통비를 줄일 수 있기 때문입니다.

(3) 마이클 씨는 ____________________

제주도에 가려고 합니다. 역사적으로 유명한 불국사를 구경하고 싶기 때문입니다.

(4) 미셸 씨는 ____________________

제주도에 가려고 합니다. 바다도 구경하고 고향 친구도 만나려고 합니다.

03 -자마자

1. 다음 표를 완성하세요.

기본형	-자마자
보다	
읽다	
만들다	
듣다	
돕다	

2. 알맞은 것을 골라 대화를 완성하세요.

먹다	받다	나오다	시작되다	입학하다

(1) A: 식사를 하니까 너무 졸려요. 잠깐 자야겠어요.

B: 밥을 ________________ 바로 자면 소화가 잘 안 돼요.

(2) A: 준영 씨, 이 컴퓨터는 언제 산 거예요?

B: 대학교에 ________________ 샀어요.

(3) A: 벌써 시험이 끝났어요?

B: 네. 시험지를 ________________ 외운 것을 빨리 쓰고 나왔거든요.

(4) A: 이 잡지에 있는 옷 있어요?

B: 손님, 죄송합니다. 그 옷은 인기가 많아서 잡지가 ________________ 다 팔렸습니다.

(5) A: 영화가 정말 재미있었지요?

B: 사실 너무 피곤해서 영화가 ________________ 졸았어요.

04 -았/었다가

1. 다음 표를 완성하세요.

기본형	-았/었다가
가다	
입다	
살다	
듣다	
돕다	
짓다	

2. 알맞은 것을 골라 ◯ 표 하세요.

(1) A: 마이클 씨, 지난주에 말한 영화표 예매했어요?

B: 네. 예매했어요. 그런데 (예매하다가, 예매했다가) 취소했어요. 그날 중요한 회의가 생겨서요.

(2) A: 얀 씨, 오늘 마이클 씨와 등산 가기로 하지 않았어요?

B: 네, 맞아요. 그런데 (약속하다가, 약속했다가) 날씨가 안 좋아서 취소했어요.

(3) A: 교실 공기가 좀 안 좋은 것 같아요. 창문을 좀 열까요?

B: 조금 전에 창문을 (열다가, 열었다가) 닫았는데 아직도 그래요? 다시 열어야겠어요.

(4) A: 장소이 씨, 다리가 왜 그래요?

B: 어제 버스를 타려고 (뛰어가다가, 뛰어갔다가) 넘어졌거든요.

(5) A: 티엔 씨, 요즘에 왜 운동 동아리에 안 가요?

B: 운동을 좋아해서 (가입하다가, 가입했다가) 대학 입학시험 준비 때문에 그만두었어요.

(6) A: 이치로 씨는 시험 공부가 잘 안 될 때 어떻게 해요?

B: 저는 (공부하다가, 공부했다가) 집중이 안 되면 잠시 바람을 쐬러 나가요.

05 -(으)ㄹ 테니까

1. 다음 표를 완성하세요.

기본형	-(으)ㄹ 테니까
싸다	
많다	
가다	
먹다	
만들다	
듣다	
돕다	

2. 알맞은 것을 골라 대화를 완성하세요.

춥다	막히다	무겁다	걸리다	좋아하다

(1) A: 내일 산에 갈 때 무엇을 가져갈까요? 도시락, 간식 그리고 음료수도 가져갈까요?

B: 그걸 다 가져가면 가방이 ____________ 간단한 간식과 물만 가져갑시다.

(2) A: 휴대 전화가 고장이 났어요. 지금 바로 고칠 수 있을까요?

B: 고치는 데 20분 정도 ____________ 저쪽에서 잠시 기다려 주세요.

(3) A: 이 선물이 제 여자 친구의 마음에 들까요?

B: 그럼요. 여자 친구가 틀림없이 ____________ 걱정하지 마세요.

(4) A: 티엔 씨, 내일은 오늘보다 더 ____________ 두껍게 입고 가세요.

B: 네, 알겠어요. 장갑도 끼고 목도리도 하고 갈게요.

(5) A: 기사님, 잠실로 가 주세요.

B: 네. 그런데 시내로 해서 가면 길이 ____________ 올림픽대로로 해서 가겠습니다.

말해 봅시다

1. 밑줄 친 부분을 바르게 읽은 것은 무엇입니까?

> 우리가 매일 이용하는 대중교통은 각각 장단점이 있습니다. 택시는 손님이 원하는 목적지 바로 앞까지 빠르게 갈 수 있어서 좋습니다. 그렇지만 다른 대중교통보다 이용 요금이 비싼 단점이 있습니다.

① [이용요금]　　② [이용뇨금]　　③ [이용료금]

2. 다음 물음에 답하세요.

(1) 택배 기사가 방문할 집에 확인 전화를 할 때 어떻게 말할까요?

> A: 여보세요?
> B: 이화 택배입니다. 거기 나타샤 씨 댁 ______________________?

① 어디지요

② 있습니까

③ 맞습니까

(2) 교통이 정체된 상태를 설명하고 싶습니다. 이때 알맞지 **않은** 것은 무엇일까요?

> A: 왜 이렇게 늦었어요? 무슨 일이 있었어요?
> B: 차가 많아서 ______________________. 미안해요.

① 주차장에 있었어요

② 꼼짝도 하지 않았어요

③ 움직이지 않고 계속 서 있었어요

메모

3. 다음 대화를 읽고 물음에 답하세요.

미셸	여보세요?
택배 기사	이화 택배입니다. 미셸 씨 계십니까?
미셸	네. 제가 미셸인데요.
택배 기사	주문하신 물건을 배달하러 가고 있습니다. 지금 학교 정문 앞인데 기숙사까지 ⓐ________________?
미셸	거기서 기숙사까지는 운동장으로 해서 올 수도 있고 학생 식당으로 해서 올 수도 있어요.
택배 기사	어디로 해서 가는 게 더 빨라요?
미셸	운동장으로 해서 오는 게 가장 빠르고 쉬워요.
택배 기사	그렇군요. 그러면 운동장으로 해서 가는 길을 좀 알려 주시겠어요?
미셸	정문에서 50m쯤 직진하면 도서관이 보일 거예요.
택배 기사	네. 거기에서 어떻게 갑니까?
미셸	도서관 앞에서 좌회전 하고 나서 똑바로 가면 운동장이 있어요. 운동장을 지나자마자 기숙사가 보일 거예요. 운동장에서 아주 가까워요.
택배 기사	네, 고맙습니다. 곧 방문하겠습니다.

(1) ⓐ에 들어갈 말로 알맞지 **않은** 것은 무엇일까요?

① 어떻게 갔는지 아세요

② 어디로 해서 가면 빠른지 아세요

③ 어디로 해서 가는지 알려 주시겠어요

(2) 다음 중 알맞은 것은 무엇입니까?

① 도서관 근처에 기숙사가 있다.

② 학생 식당으로 해서 가는 것이 가장 쉽다.

③ 도서관에서 좌회전을 한 후 직진하면 운동장이 있다.

(3) 맞는 것에 ✓표 하세요.

① 택배 기사는 학교 정문을 못 찾았다. 네 ______ 아니요 ______

② 기숙사는 운동장으로 해서 가면 멀다. 네 ______ 아니요 ______

③ 주문한 물건은 금방 도착할 것이다. 네 ______ 아니요 ______

읽고 써 봅시다

1. 다음은 관광 안내 책에 있는 글입니다. 잘 읽고 물음에 답하세요.

하와이의 대중교통

하와이에서는 차를 빌리지 않는 것이 좋다. 왜냐하면 대부분의 호텔에서 주차료를 받고 있고 주말에는 주차 공간을 찾는 것도 힘들기 때문이다. 또 대중교통이 잘 발달되어 있어서 굳이 차를 빌리지 않아도 편하게 여행을 할 수 있다.

택시 (taxi) 하와이 택시는 안전하고 사고도 별로 없다. 공항이나 백화점 등 여러 곳에서 쉽게 볼 수 있지만 미리 예약을 해서 이용하는 것도 좋다. 그런데 다른 대중교통보다 이용 요금이 비싸기 때문에 관광객들은 주로 짐이 많을 때 이용한다.

버스 (bus) 하와이 버스는 노선이 다양하다. 유명 관광지는 물론 시내로도 여러 노선이 연결되어 있다. 관광객을 위한 표를 사면 4일 동안 버스를 이용할 수 있으니까 하와이에 도착하자마자 사는 것이 좋다.

트롤리 (trolley) 트롤리는 유명 관광지로 해서 다니는 관광 버스다. 트롤리에는 창문이 없고 좌석도 바깥쪽으로 향해 있어서 관광객들에게 인기가 아주 많다. 트롤리를 타면 하와이의 멋진 풍경을 즐길 수 있을 테니까 한번 이용해 보는 것도 좋을 것이다.

(1) 이 글은 무엇에 대한 글입니까?

① 하와이의 관광지를 추천하는 글 ② 하와이의 대중교통을 안내하는 글

③ 하와이의 관광 상품을 광고하는 글

(2) 내용에 알맞지 **않은** 것은 무엇입니까?

① 차를 반드시 빌려야 한다. ② 여러 가지 대중교통을 쉽게 볼 수 있다.

③ 주말에는 주차할 수 있는 곳이 없어서 주차가 어렵다.

(3) 맞는 것에 ✓표 하세요.

① 택시를 이용하려면 꼭 예약을 해야 한다. 네 ______ 아니요 ______

② 버스로 하와이를 관광하는 것이 가능하다. 네 ______ 아니요 ______

③ 트롤리는 경치를 구경할 수 있어서 인기가 많다. 네 ______ 아니요 ______

2. 서울과 하와이의 대중교통을 비교한 비교의 글입니다. 서울의 대중교통의 특징을 메모하고 글을 완성하세요.

메모

서울의 대중교통

- 버스 : ______________________________
- 지하철 : ______________________________

서울과 하와이의 대중교통

대중교통은 나라마다 그리고 도시마다 그 종류가 매우 다양합니다. 여러분은 서울과 하와이에서 어떤 대중교통을 많이 이용하는지 알고 있습니까?

서울의 대표적인 대중교통은 버스, 지하철입니다. ______________________________

____

____

____

____

______________________________.

하와이의 대표적인 대중교통은 택시, 버스, 트롤리가 있습니다. 택시는 하와이 어디에서나 쉽게 이용할 수 있어서 편리합니다. 또 하와이의 버스는 노선이 다양해서 원하는 거의 모든 곳에 갈 수 있는 장점이 있습니다. 마지막으로 트롤리는 멋진 해변의 풍경을 즐기면서 관광할 수 있어서 인기가 많습니다.

이렇게 대중교통은 나라마다 다릅니다. 다른 나라에 여행을 가면 그 나라만의 대중교통을 한번 이용해 보십시오. 못 잊을 경험이 될 겁니다.

제 13 과 이웃과 집

Neighbors and Houses

어휘

1. 사진에 맞는 단어를 골라 쓰세요.

경비실	조리실	세탁실	냉방 시설

(1) 

____

(2) 

____

(3) 

____

(4) 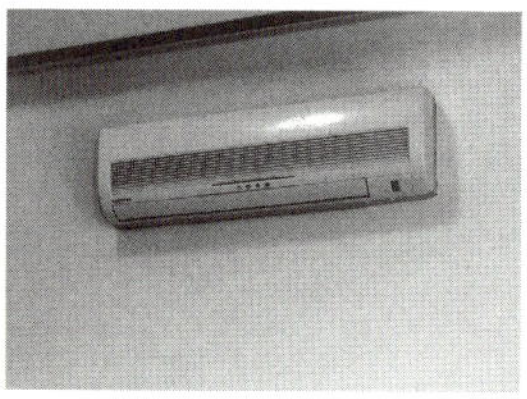

____

2. 알맞은 것을 골라 대화를 완성하세요.

동네	골목	주변	부동산 소개소

(1) A: 학교 근처에 영화관이 있나요?

B: 아니요. 학교 ______________에는 영화관이 없어요.

(2) A: 지금 살고 있는 곳이 너무 시끄러워서 이사하려고 하는데 어디가 좋을까요?

B: 우리 ______________________(으)로 오세요. 아주 조용하고 학교에서도 가까워요.

(3) A: 미셸 씨, 한국에서는 이사할 때 이사할 집을 어디에서 알아보면 좋을까요?

B: 한국에서는 보통 ______________________에 가요. 이사할 집을 소개받고, 직접 가 볼 수도 있어요.

(4) A: 왕카이 씨, 지금 왕카이 씨 집에 가고 있는데 신촌 사거리에서 어떻게 가면 돼요?

B: 신촌 사거리에서 이대 방향으로 좌회전해서 좁은 ______________________(으)로 들어오면 돼요..

3. 알맞은 것을 고르세요.

(1) A: 장소이 씨, 어제 왜 ______________? 장소이 씨가 학교에 안 와서 걱정했어요.

B: 감기 때문에 너무 아파서 올 수 없었어요.

① 출석했어요 ② 결석했어요 ③ 도착했어요

(2) A: 현미 씨도 학교 기숙사에서 사세요?

B: 아니요. 저는 집이 학교하고 가까워서 집에서 ______________.

① 출근해요 ② 통학해요 ③ 출발해요

(3) A: 왕카이 씨, 한국에 유학 오려고 했을 때 부모님께서 처음부터 찬성하셨어요?

B: 아니요. 처음에는 혼자 가는 것을 걱정하셔서 ______________ 제 계획을 듣고 난 후에는 찬성하셨어요.

① 결심하셨지만 ② 궁금하셨지만 ③ 반대하셨지만

(4) A: 현미 씨, 언니하고 같이 살아서 좋겠어요.

B: 네. 그런데 제가 가끔 집에 늦게 가면 계속 전화하고 엄마처럼 ______________ 싫을 때가 있어요.

① 즐겨서 ② 부탁해서 ③ 간섭해서

준비합시다

01 -아/어야겠-

1. 다음 표를 완성하세요.

기본형	-아/어야겠어요
가다	
먹다	
만들다	
듣다	
돕다	
짓다	

2. 알맞은 것을 골라 대화를 완성하세요.

옮기다	도와주다	공부하다	정리하다

(1) A: 다음 주가 시험이지요?

B: 네. 오늘부터 열심히 ____________________.

(2) A: 장소이 씨, 오늘 모임은 어디에서 해요?

B: 제 방에서 하기로 했어요. 그런데 아직 방을 청소하지 않았어요. 수업이 끝난 후에 빨리 가서 ____________________.

(3) A: 저기 오는 사람이 마이클 씨 아니에요? 마이클 씨가 다리를 다친 것 같아요. 제가 가서 ____________________.

B: 저도 같이 가요.

(4) A: 빠콘 씨, 집에서 학교까지 시간이 얼마나 걸려요?

B: 아침에 학교에 올 때는 한 시간 반이 넘게 걸려요. 너무 멀어서 빨리 학교 근처로 집을 ____________________.

3. 다음 대화를 완성하세요.

(1) A: 오늘 계속 눈이 와서 저녁에 정말 추울 것 같아요.

B: 그래요? 오늘 저녁에 파티에 갈 건데 나갈 때 옷을 두껍게 ____________________.

(2) A: 깨우 씨, 백화점 카드가 있으면 10%나 할인되는데 아직 안 만들었어요?

B: 그래요? 오늘 당장 ____________________.

(3) A: 미셸 씨, 요즘에 자주 지각을 하는 것 같아요.

B: 네. 요즘 자꾸 늦잠을 자요. 내일부터는 일찍 일어나도록 밤에 일찍 ______________

______________.

(4) A: 저는 요즘 건강을 생각해서 엘리베이터를 타지 않고 교실까지 걸어서 올라가요.

B: 7층까지 걸어서 올라가요? 저도 요즘 운동량이 부족한데 내일부터는 교실까지 걸어서

____________________.

(5) A: 어제 일기예보를 안 듣고 나와서 비를 맞았어요.

B: 저도 어제 우산이 없어서 비를 맞았어요. 내일부터는 외출하기 전에 꼭 일기예보를

____________________.

02 아무도, 아무것도, 아무 데도

1. 알맞은 것을 골라 대화를 완성하세요.

아무도	아무것도	아무 데도	아무한테서도	아무 데서도

(1) A: 얀 씨, 어제 잃어버린 가방을 찾았어요?

B: 아니요. 도서관, 교실, 기숙사 모두 찾아봤지만 ____________________ 없었어요.

(2) A: 왕카이 씨, 학교에 왔을 때 교실에 누가 있었어요?

B: 제가 학교에 왔을 때 ____________________ 없었어요. 오늘은 좀 일찍 왔거든요.

(3) A: 장소이 씨, 무슨 걱정이 있어요?

B: 네. 2주 전에 회사 열 곳에 이력서를 보냈는데 지금까지 ________________ 연락이 안 와요.

(4) A: 내일 시험인데 그동안 출장 때문에 계속 학교에 못 나와서 ________________ 모르겠어요. 어떻게 하지요?

B: 걱정하지 마세요. 제가 도와줄게요.

(5) A: 마이클 씨, 내일 약속 장소가 바뀐 걸 알아요?

B: 아니요. 몰랐어요. 휴대 전화를 잃어버려서 ________________ 연락을 못 받았거든요.

2. 알맞은 것을 골라 ◯ 표 하세요.

(1) A: 이 짐을 어디에 놓을까요?

B: 제가 다시 정리할 거니까 우선 (아무 데도, 아무 데나) 놓으세요.

(2) A: 이치로 씨, 뭘 주문할까요?

B: 저는 다 괜찮아요. (아무것도, 아무거나) 주문하세요.

(3) A: 빠콘 씨, 지난 주말에 어디에 갔어요?

B: 감기에 걸려서 (아무 데도, 아무 데나) 못 갔어요.

(4) A: 티엔 씨, 다른 학교에 다니는 제 친구도 우리 학교 도서관에서 공부할 수 있어요?

B: 아니요. (아무도, 아무나) 도서관에 들어갈 수 없어요. 들어갈 때 우리 학교 학생증이 있어야 하거든요.

(5) A: 장소이 씨, 조금 전에 제가 한 이야기는 다른 사람에게 이야기하지 마세요.

B: 네. (아무에게도, 아무에게나) 말하지 않을게요.

(6) A: 주문하신 물건을 지금 배달해 드릴까요?

B: 아니요. 지금 집에 (아무도, 아무나) 없으니까 내일 오후에 배달해 주세요.

03 -기(가) 쉽다

1. 알맞은 것을 골라 대화를 완성하세요.

외우다/쉽다	자르다/힘들다	이해하다/힘들다	찾아가다/쉽다

(1) A: 이 케이크는 정말 크네요.

B: 네. 너무 커서 한 번에 ______________________.

(2) A: 깨우 씨 집을 찾아갈 수 있어요?

B: 네. 사거리를 지나면 바로 오른쪽에 있어서 ______________________.

(3) A: 얀 씨는 한국어를 잘하니까 한국 뉴스를 듣고 잘 이해하겠지요?

B: 아니요. 뉴스에서 사용하는 단어들이 어렵고 말이 빨라서 ______________________

______________.

(4) A: 나타샤 씨의 전화번호가 몇 번이에요?

B: 010-2222-8888이에요. 전화번호가 간단해서 ______________________.

2. 알맞은 것을 골라 대화를 완성하세요.

읽다	찾다	실수하다

(1) A: 준영 씨, 아직도 일자리를 못 구했어요?

B: 네. 요즘 경제가 안 좋아서 일자리를 ______________________.

(2) A: 어제 산 책이 재미있어요?

B: 네. 내용은 재미있는데 글씨가 너무 작아서 ______________________.

(3) A: 이치로 씨 동생들이 쌍둥이예요? 얼굴이 똑같네요.

B: 네. 얼굴이 정말 많이 닮아서 다른 사람들은 이름을 부를 때 ______________________

______________________.

04 -게 되다

1. 다음 표를 완성하세요.

기본형	-게 되다
만나다	
입다	
살다	
듣다	
돕다	
짓다	

2. 다음 대화를 완성하세요.

(1) A: 얀 씨, 이번 학기에도 한국에서 공부할 거예요?

B: 네. 돌아가려고 했는데 지난 학기에 성적이 좋아서 장학금을 받았어요. 그래서 이번 학기에도 ________________.

(2) A: 미셸 씨, 어떻게 한국어를 ________________?

B: 한국 드라마와 가요를 좋아해서 한국어를 배우기 시작했어요.

(3) A: 왕카이 씨는 어떻게 한국 역사에 대해서 그렇게 많이 알아요?

B: 한국 역사를 전공하고 있는 같은 방 친구가 많이 이야기해 줘서 ________________.

(4) A: 낙지볶음이 정말 매운데 잘 드시네요?

B: 네. 매운데 맛있어서 자꾸 ________________.

(5) A: 나타샤 씨는 빨간색 옷을 자주 입는 것 같아요.

B: 네. 다른 색깔 옷도 많이 있지만 다른 색에 비해서 빨간색이 저와 잘 어울리는 것 같아서 자주 ________________.

05 -(으)ㄹ수록

1. 다음 표를 완성하세요.

기본형	-(으)ㄹ수록
비싸다	
많다	
만나다	
듣다	
살다	

2. 알맞은 것을 골라 대화를 완성하세요.

읽다	알다	친하다	급하다	어리다

(1) A: 이치로 씨, 그 책 재미있어요?

B: 앞부분은 좀 지루한데 ______________ 재미있는 것 같아요.

(2) A: 왕카이 씨는 한국 문화에 대해서 왜 그렇게 열심히 공부해요?

B: 한국 문화에 대해서 ______________ 한국 사람들을 좀 더 이해할 수 있어서 정말 좋아요.

(3) A: 서류 제출 날짜가 며칠 안 남았어요. 빨리 서둘러야겠어요.

B: 네. 그런데 ______________ 천천히 신중하게 작성해야 돼요. 너무 서두르지 마세요.

(4) A: 제가 아까 티엔 씨에게 말을 너무 심하게 했나요? 친한 친구니까 이해해 주겠지요?

B: 미셸 씨, 친하면 ______________ 말과 행동을 조심해야 해요. 친구의 말에 상처를 받을 수 있거든요.

(5) A: 우리 딸은 한국에 온 지 1년도 안 되었는데 한국어 실력이 저보다 훨씬 나아요.

B: 정말요? 역시 언어는 나이가 ______________ 빨리 배우는 것 같아요.

말해 봅시다

1. 밑줄 친 부분을 **잘못** 읽은 것은 무엇입니까?

> 제가 처음 우리 동네로 이사 왔을 때는 교통이 불편해서 별로 좋아하지 않았습니다. 하지만 지금은 공기도 좋고, 산책할 수 있는 공원도 많은 우리 동네를 좋아하게 됐습니다.

① [불편해서]　　　② [불뼈해서]　　　③ [불펴내서]

2. 다음 물음에 답하세요.

(1) 장단점이 모두 있음을 말하려고 합니다. 맞는 것은 무엇입니까?

> A: 지하철이 버스에 비해서 편해요?
> B: 글쎄요. ____________________.

① 둘 다 편해요

② 좋은 게 더 많아요

③ 좋은 점도 있고 나쁜 점도 있어요

(2) 기숙사 시설에 대해 물어보려고 합니다. 알맞지 **않은** 것은 무엇입니까?

> A: ____________________?
> B: 2인 1실이에요.

① 방이 몇 개 있어요

② 방은 몇 인실이에요

③ 몇 명이 한 방을 써요

메모

3. 다음 대화를 읽고 물음에 답하세요.

장소이 수진 씨는 원룸에서도 살아 보고 하숙집에서도 살아 봤지요?

김수진 네. 작년까지 하숙집에서 살았는데 올해 원룸으로 이사했어요. 그런데 왜요?

장소이 제가 그동안 기숙사에서 살았는데 원룸에서 살아 보고 싶어서요. 하숙집하고 기숙사 중에서 어디가 더 좋을까요?

김수진 둘 다 장단점이 있어요. 원룸은 혼자 사니까 편하지만 식사 준비를 해야 하니까 불편해요.

장소이 그럼 하숙집은요?

김수진 하숙집에서 살면 한국 친구와 이야기할 기회가 많아서 좋지만 공동 샤워실을 써야 해서 좀 불편해요.

장소이 그렇군요. 그런데 하숙집에서 살면 한국말도 빨리 배울 수 있으니까 더 재미있지 않아요? 수진 씨는 ⓐ__________________?

김수진 제 생각에는 지금 장소이 씨에게 하숙집이 더 좋을 것 같아요. 나중에 한국 생활이 좀 더 익숙해지면 원룸으로 옮기는 것도 괜찮고요.

장소이 알겠어요. 그럼, 하숙집으로 알아봐야겠어요. 고마워요.

(1) ⓐ에 들어갈 말은 무엇입니까? 써 보세요.

____

(2) 하숙집에 대한 설명으로 맞는 것은 무엇입니까?

① 직접 식사 준비를 해야 한다.

② 한국어로 이야기할 기회가 많다.

③ 샤워실이 여러 개 있어서 편하다.

(3) 맞는 것에 ✓표 하세요.

① 수진 씨는 지금 원룸에 산다. 네 _____ 아니요 _____

② 수진 씨는 하숙집에서 살아 본 적이 없다. 네 _____ 아니요 _____

③ 수진 씨는 장소이 씨에게 원룸을 추천했다. 네 _____ 아니요 _____

읽고 써 봅시다

1. 다음은 부동산 정보지의 기사입니다. 잘 읽고 물음에 답하세요.

대학 문화가 살아 있는 '신촌'

신촌은 다른 곳에 비해 대학교가 많은 지역으로 유명하다. 매년 5월 축제 기간이 되면 대학교에서 축제를 즐기려는 젊은이들이 많이 모인다. 또 신촌에는 백화점도 있고, 편의시설도 많아서 생활하기가 아주 편하다. 특히 교통이 편리해서 가고 싶은 곳을 쉽게 갈 수 있다.

신촌에는 한국어를 배우고 있는 외국인 학생들도 많다. 한국 대학생들과 쉽게 만날 수 있고, 한국의 대학 문화도 배울 수 있어서 한국어를 배우는 외국인 학생들은 신촌을 아주 좋아한다. 한국에 온 지 6개월이 된 얀 씨(네덜란드, 22세)는 "저는 신촌으로 이사 온 지 얼마 안 됐는데 살수록 좋은 동네인 것 같아요. 대학교 근처라서 하숙집을 구하기도 쉬워요. 저는 지금 학교 근처 하숙집에서 살고 있는데 여기에서 한국 친구들을 많이 사귀었어요."라고 말했다. 한 달 전에 한국에 온 미셸 씨(프랑스, 19세)는 "저는 신촌역 근처 원룸에서 사는데 집근처에서 쇼핑하는 걸 아주 좋아해요. 특히 쇼핑 후에 먹는 시원한 팥빙수는 최고예요. 신촌에서 오래 살고 싶어요."라고 말했다.

한국에 유학을 오고 싶어 하는 외국인 친구에게 대학 문화가 살아 있는 신촌을 추천해 보는 것은 어떨까?

한준영 기자
hanjunyoung@ewha.com

(1) 이 글은 무엇에 대한 글입니까?

① 신촌에 대해 설명하는 글

② 신촌 맛집을 소개하는 글

③ 신촌 가는 길을 안내하는 글

(2) '신촌'에 대한 설명으로 맞지 <u>않는</u> 것은 무엇입니까?

① 교통이 불편하다.

② 대학교 축제를 즐길 수 있다.

③ 백화점도 있고 편의시설도 많다.

(3) 맞는 것에 ✓표 하세요.

① 얀 씨는 신촌으로 이사하려고 한다. 네 ______ 아니요 ______

② 얀 씨는 하숙집에서 살고 있다. 네 ______ 아니요 ______

③ 미셸 씨는 신촌역 근처에서 오래 살았다. 네 ______ 아니요 ______

2. 다음 표를 보고 신촌을 소개하는 글을 완성하세요.

동네 이름	신촌
단점	• 사람들이 많아서 복잡하다. • 출퇴근 시간에 차가 많이 막힌다.
장점	• 대학교가 많아서 젊은 사람들의 문화를 즐길 수 있다. • 쇼핑할 곳도 많고 영화관도 많아서 재미있는 시간을 보낼 수 있다.

우리 동네 '신촌'

저는 신촌에 산 지 7년이 되었습니다. 지금부터 우리 동네를 소개하려고 합니다. 처음에 신촌으로 이사 왔을 때는 별로 좋아하지 않았습니다. 왜냐하면 사람들이 많아서 복잡하고, 차도 많아서 출퇴근 시간에는 항상 길이 막혔기 때문입니다.

그런데 제가 대학교에 입학한 후부터는 신촌을 좋아하게 되었습니다. 다른 지역보다 대학교가 많은 신촌은 ________________________________

____

____

____

____

____

지금 저는 우리 동네가 너무 좋습니다. 앞으로도 이곳에서 오래오래 살고 싶습니다. 여러분도 시간이 있으면 우리 동네에 놀러 오세요.

제14과 예약과 주문

Reservation and Order

어휘

1. 알맞은 것을 골라 대화를 완성하세요.

왕복	만석	기내식	일등석	대기자 명단

(1) A: 부산까지 가는 표를 편도로 드릴까요, ____________________으로 드릴까요?

B: 돌아오는 표도 같이 주세요.

(2) A: 크리스마스에 고향에 가는 비행기 표를 예약했어요?

B: 아니요, 못 샀어요. 그래서 이름을 ____________________에 올렸어요.

(3) A: 한국에 올 때 비행기 안에서 ____________________으로 뭘 먹었어요?

B: 비빔밥을 먹었는데 정말 맛있었어요.

(4) A: 비행기를 탈 때 ____________________에 타면 어떤 점이 좋아요?

B: 제일 좋은 건 의자가 커서 편안한 거예요. 그리고 나오는 음식하고 음료도 훨씬 다양해서 좋아요.

(5) A: 크리스마스에 뉴욕에 가는 비행기 표를 예약하려고 하는데요.

B: 손님, 죄송하지만 자리가 없습니다. ____________________입니다.

2. 알맞은 것을 고르세요.

(1) A: 어느 분 ________________으로 예약을 하셨어요?

B: 김민호입니다.

① 할인 ② 좌석 ③ 성함

(2) A: 요즘 유행하는 구두는 어떤 거예요?

B: 낮고 편안한 구두가 인기를 ______________ 있어요. 특히 젊은 사람들이 많이 신어요.

① 쏟고　　② 끌고　　③ 만들고

(3) A: 주차장에 차를 세웠는데요. 주차 도장은 어디에서 ______________?

B: 여기에서 무료 주차권을 받아 가시면 됩니다.

① 찍어요　　② 올려요　　③ 생겨요

(4) A: 지금 출발하지 않으면 비행기를 놓칠 수 있으니까 ______________.

B: 네, 알겠습니다. 그렇게 할게요.

① 부치세요　　② 내리세요　　③ 서두르세요

(5) A: 친구한테서 온 전화예요?

B: 네. 그런데 그동안 연락이 없던 친구한테서 온 거라서 저도 깜짝 ______________.

① 놀랐어요　　② 기뻤어요　　③ 당황했어요

3. 알맞은 것을 골라 쓰세요.

재고	산책	시골	최근	수동

(1) ______________ : 손으로 움직이게 하는 것.

(2) ______________ : 팔다가 남은 물건.

(3) ______________ : 얼마 되지 않은 지난날부터 지금까지, 요즘.

(4) ______________ : 도시에서 떨어져 있는 지역.

(5) ______________ : 휴식이나 건강을 위해 천천히 걷는 것.

준비합시다

01 -(으)ㄹ까 하다

1. 다음 표를 완성하세요.

기본형	-(으)ㄹ까 하다
가다	
먹다	
만들다	
짓다	

2. 알맞은 것을 골라 대화를 완성하세요.

쉬다 사다 자르다 만들다 돌아오다

(1) A: 빠콘 씨, 이번 주말에 뭘 할 거예요?

B: 글쎄요. 특별한 계획은 없어요. 그냥 집에서 ____________. 요즘 계속 피곤했거든요.

(2) A: 날씨도 덥고 해서 머리를 짧게 ____________.

B: 그러지 마세요. 짧은 머리보다 긴 머리가 수잔 씨한테 더 잘 어울려요.

(3) A: 결혼하면 일본에 가서 살지요?

B: 네. 그런데 일본에 있다가 3-4년 후에 한국으로 ____________. 친한 친구들이 모두 한국에 살아서요.

(4) A: 내일 손님 오시는데 무슨 음식을 할 거예요?

B: 글쎄요. 간단한 걸로 ____________ 비빔밥 어때요?

(5) A: 텔레비전을 하나 ____________ 어디에 가면 좋을까요?

B: 대형 할인매장에 가 보세요. 물건이 많으니까 비교해 보고 살 수 있을 거예요.

02 -(으)ㄴ/는/(으)ㄹ 모양이다

1. 다음 표를 완성하세요.

기본형	-(으)ㄴ 모양이다	-는 모양이다	-(으)ㄹ 모양이다
크다		X	X
많다		X	X
사다			
먹다			
만들다			
듣다			
돕다			

2. 알맞은 것을 골라 대화를 완성하세요.

덥다	많다	싫다	아프다	맛있다

(1) A: 민수 씨가 감기로 어제, 오늘 이틀이나 회사에 오지 않았어요.

B: 그래요? 민수 씨가 정말 많이 ____________________.

(2) A: 어제 뉴스 봤어요? 요즘 대구가 정말 더운 것 같아요.

B: 네. 정말 ____________________. 뉴스에 동물원이 나왔는데 곰은 얼음 위에 앉아서 놀고 있었어요.

(3) A: 일본 관광객들이 한국에서 많이 사는 것 중에 하나가 김이라고 해요.

B: 네. 저도 들었어요. 일본에서 한국의 김이 인기가 ____________________.

(4) A: 학교 앞에 있는 빵집에서 파는 식빵은 맛이 어때요? 맛있어요?

B: 저도 아직 못 먹어 봤어요. 그런데 ____________________. 언제나 식빵이 나오는 시간이 되면 사람들로 붐벼요.

(5) A: 아이가 유치원에 갈 시간만 되면 울어요.

B: 그래요? 아마 유치원에 가기 ______________________. 그러면 며칠 동안 보내지 말아 보세요.

3. 알맞은 것을 골라 ◯ 표 하세요.

(1) A: 마이클 씨는 어디에 살아요?

B: 잘 모르겠지만 학교 근처에 (산, 사는, 살) 모양이에요. 항상 걸어서 학교에 와요.

(2) A: 이 가방 모양은 비슷한데 우리 게 아니에요.

B: 정말요? 가방이 공항에서 (바뀐, 바뀌는, 바뀔) 모양이에요. 공항에 전화해 봐요.

(3) A: 여자 친구랑 매일 만나던 왕카이 씨가 요즘 여자 친구를 안 만나죠?

B: 네. 안 만난 지 한 달 정도 된 것 같아요. (헤어진, 헤어지는, 헤어질) 모양이에요.

(4) A: 내일은 바람도 많이 불고 비도 (온, 오는, 올) 모양이에요.

B: 그러면 출근할 때 우산을 꼭 가져가야겠군요.

(5) A: 얀 씨가 다음 주에 가기로 한 여행을 취소했어요?

B: 아니요. 아직 안 했어요. 그런데 내일쯤 여행사에 전화해서 (취소한, 취소하는, 취소할) 모양이에요.

03 -(으)ㄹ 줄 알다

1. 알맞은 것을 골라 대화를 완성하세요.

하다	찾다	보내다	고치다	사용하다	수영하다

(1) A: 날씨도 더운데 우리 같이 수영장에 갈래요?

B: 미안해요. 나는 ______________________.

(2) A: 디지털 카메라로 찍은 사진을 다른 사람에게 ______________________?

B: 네. 먼저 사진을 컴퓨터에 저장하고 받을 사람에게 이메일로 보내면 돼요.

(3) A: 이 세탁기가 고장 났는데 ______________________?

B: 아니요. 몰라요. 서비스 센터에 연락해 보세요.

(4) A: 이 복사기를 ______________________?

B: 네. 먼저 복사할 종이를 여기에 놓고 이걸 누르면 돼요.

(5) A: 현금 인출기에서 돈을 찾는 방법을 알아요?

B: 네. ______________________. 먼저 현금 카드를 넣고 '예금 출금'을 누르세요.

(6) A: 티엔 씨, 중국어를 할 수 있어요? 중국에서 편지가 와서요.

B: 아니요. ______________________. 장소이 씨가 중국에서 왔으니까 장소이 씨에게 물어보세요.

2. 다음 대화를 완성하세요.

(1) A: 수잔 씨, 컴퓨터로 그림을 ______________________?

B: 아니요. 저는 못 그려요. 마이클 씨에게 한번 물어보세요.

(2) A: 미셸 씨, 자전거를 잘 타요?

B: 아니요. 저는 자전거를 ______________________. 한 번도 타 본 적이 없어요.

(3) A: 한국 음식 중에서 무슨 음식을 ______________________?

B: 저는 불고기 만드는 것을 배웠어요. 그거 잘해요.

(4) A: 마이클 씨, 휴대 전화를 바꿨군요. 그 전화로도 사진을 찍을 수 있어요?

B: 네, 그럴 거예요. 그런데 바꾼 지 얼마 안 돼서 저는 ______________________.

(5) A: 이 노래를 한국말로 ______________________?

B: 물론이죠. 배우고 싶으면 저에게 이야기하세요. 어렵지 않아요.

04 -(으)ㄴ/는 대신(에)

1. 다음 대화를 완성하세요.

(1) A: 저 운동화가 4천원이에요. 너무 싼데 살까요?

B: 잠시만요. ______________________ 신었을 때 불편할 수 있어요. 먼저 한 번 신어 보세요.

(2) A: KTX가 빠르니까 부산에 갈 때 그걸로 타고 갈까요?

B: 고속버스로 가요. KTX는 ______________________ 요금이 비싸잖아요.

(3) A: 새로 들어간 회사는 어때요? 일이 힘들지는 않아요?

B: 처음 하는 일이라서 좀 힘들 때가 있어요. 그런데 ______________________ 보람이 있어서 좋아요.

(4) A: 지금 사는 아파트는 지하철 역 근처라서 편리하지요?

B: 네. 그런데 교통이 ______________________ 사람이 많아서 좀 복잡해요.

2. 알맞은 것을 골라 연결하고 문장을 완성하세요.

(1) 주말마다 문을 열다	•	•	쌀을 받아서 어려운 사람을 도와주다
(2) 선물을 받다	•	•	좋은 재료를 사서 집에서 만들어 먹다
(3) 저녁을 사 먹다	•	•	월요일에는 쉬다
(4) 여름휴가를 반납하다	•	•	가을에 휴가를 가기로 하다

(1) 이 백화점은 주말마다 ______________________.

(2) 그 사람은 결혼식에 온 손님들에게서 선물을 ______________________ ______________________.

(3) 친구들과 밖에 나가서 저녁을 ______________________.

(4) 회사 일이 많아서 여름휴가를 ______________________.

05 -던

1. 알맞은 것을 골라 대화를 완성하세요.

입다	많다	나오다	깨끗하다

(1) A: 이 옷은 새로 산 거예요?

B: 아니에요. 언니가 몇 번 ______________ 옷인데 저한테 주었어요.

(2) A: 고등학교 동창회에는 잘 다녀왔어요?

B: 네, 재미있었어요. 그런데 고등학교 때 제일 인기가 ______________ 친구가 안 와서 섭섭했어요.

(3) A: 이 노래 기억 나요?

B: 그럼요. 우리가 학교 다닐 때 라디오에서 자주 ______________ 노래잖아요.

(4) A: 아이 얼굴에 뭐가 났네요. 피부가 참 좋았잖아요.

B:네. 며칠 전부터 ______________ 피부에 여드름이 나기 시작했어요. 피부과에 데리고 가 봐야겠어요.

2. 알맞은 것을 골라 ◯ 표 하세요.

(1) A: 실례지만, 미국에서는 무슨 일을 하셨어요? 회사에 다니셨습니까?

B: 네. 컴퓨터 회사에 다녔어요. 그런데 작년에 (다닌, 다닐, 다니던) 회사를 그만두고 한국에 왔습니다.

(2) A: 프랑크 씨는 주말에 보통 뭘 하십니까?

B: 주말에는 보통 교외로 나가는데 자주 (갈, 가는, 가던) 곳은 춘천입니다. 춘천은 제가 프랑스에 있을 때 (살, 사는, 살던) 곳과 비슷해서 자주 갑니다.

(3) A: 의논할 게 있는데 지금 바빠요?

B: 죄송하지만 (쓴, 쓰는, 쓰던) 이메일을 끝낸 후에 제가 전화 드려도 될까요?

말해 봅시다

1. 다음 밑줄 친 부분의 억양으로 알맞은 것은 무엇입니까?

> 나는 친구에게 전화를 해서 "오늘부터 학교에 안 가요. 그만두었어요."라고 말했다. 친구는 내 말을 듣고 놀라서 "뭐라고요? 정말 학교를 그만두었어요?"라고 다시 물었다.

① 뭐라고요　　② 뭐라고요　　③ 뭐라고요

2. 다음 물음에 답하세요.

(1) 예약자 이름을 물을 때 어떻게 할까요?

> A: 손님, ____________________?
> B: 나타샤입니다.

① 죄송하지만 누구십니까

② 이름을 찾아 드리면 됩니까

③ 누구 이름으로 예약하셨습니까

(2) 팔 물건이 더이상 없을 때 어떻게 말할까요?

> A: 이 색깔로 하나 주세요.
> B: 죄송합니다. ____________________.

① 그 색깔은 품절됐습니다

② 여기 있으니까 골라 보세요

③ 남은 것이 하나밖에 없습니다

메모

3. 다음 대화를 읽고 물음에 답하세요.

직원	이화 호텔 뷔페입니다.
나타샤	이번 토요일 점심 식사를 예약했는데요. 예약 확인하려고 전화했습니다.
직원	어느 분 성함으로 예약을 하셨어요?
나타샤	최지숙입니다.
직원	(잠시 후) 손님, 죄송합니다. 예약자 명단에 ⓐ____________________.
나타샤	그럼 이화동아리로 찾아봐 주시겠어요? 다른 사람이 예약을 했는데 모임 이름으로 예약한 모양입니다.
직원	네, 있습니다. 모두 열 명 맞으시죠?
나타샤	네. 그런데 어떤 자리로 예약이 되었나요? 저희가 늘 앉던 창가 자리가 좋은데요.
직원	창가 자리에는 열 분이 모두 앉을 수 없습니다. 그래서 그 자리로 해 드리는 대신에 방으로 해 드렸습니다.
나타샤	네, 알겠습니다. 갈 때 차를 가지고 갈까 하는데 주차장은 어디에 있나요?
직원	식당 옆에 있습니다.
나타샤	참, 그리고 쿠폰을 가져가면 10% 할인되지요?
직원	네, 그렇습니다. 계산 전에 주시면 됩니다.
나타샤	네, 알겠습니다.

(1) ⓐ에 들어갈 말은 무엇입니까? 써 보세요.

____

(2) 창가 자리로 예약하지 **못한** 이유는 무엇입니까?

① 다른 사람이 이미 예약해서 ② 일행이 모두 앉을 수 없어서

③ 주말에는 창가 자리 예약을 받지 않아서

(3) 맞는 것에 ✓표 하세요.

① 나타샤 씨는 예약을 변경하려고 전화했다. 네 ______ 아니요 ______

② 나타샤 씨는 직원에게 식당에 가는 교통편을 물어보았다. 네 ______ 아니요 ______

③ 이 식당은 할인되는 쿠폰을 가져가면 10% 싸게 해 준다. 네 ______ 아니요 ______

읽고 써 봅시다

1. 다음은 실수한 경험에 대한 글입니다. 잘 읽고 물음에 답하세요.

나의 실수

나는 한국말을 조금씩 할 줄 알게 된 후부터 학교 앞에 있는 식당이나 가게에 자주 갔다. 늘 가던 가게가 아니라 매일 새로운 가게에 가서 구경도 하고 한국어 연습도 했다. 한국어 도우미 친구를 만나서 연습하는 대신에 가게 점원들과 연습을 하는 것이다.

어느 날 수업에서 옷가게에 가서 가격을 물어보고 마음에 드는 옷을 사는 대화를 공부했다. 나는 그날 수업에서 배운 것을 연습해 보고 싶었다. 그래서 한국어 도우미 친구에게 전화할까 하다가 그냥 학교 앞에 있는 옷가게에 가서 직접 연습하기로 했다.

학교 앞에는 옷가게가 많았다. 옷 가게에 들어가기 전에 그날 배운 문장을 다시 외워 보았다. 그리고 한 가게에 들어갔다. 가게에 들어가자마자 나는 점원에게 수업에서 배운 문장으로 말을 걸었다. 그런데 점원은 내 말에 당황한 것 같았다. 그 순간 나는 '내가 아마 잘못 말한 모양인데 뭘 잘못 말했을까?' 하고 생각했다. 그리고 바로 무엇을 잘못 말했는지 알았다. 나는 수업에서 배운 대화 중에서 제일 처음에 나오는 '어서 오세요.'를 점원에게 말한 것이었다. 나는 너무 창피해서 구경도 못하고 바로 가게를 나왔다.

(1) 이 글의 내용과 맞는 것은 무엇입니까?

① 마음에 드는 옷이 있어서 학교 앞에 있는 옷 가게에 자주 간다.

② 한국어 도우미 친구에게 전화를 했지만 친구가 전화를 받지 않았다.

③ 나는 가게에 들어가기 전에 오늘 배운 대화를 혼자서 연습해 보았다.

(2) 이 사람이 한 실수는 무엇입니까?

① 발음을 정확하게 하지 못했다.

② 점원이 묻는 말에 잘못 대답했다.

③ 점원이 해야 하는 말을 이 사람이 했다.

(3) 맞는 것에 ✓표 하세요.

① 거의 매일 같은 가게에 가서 한국어로 말하기 연습을 한다. 네 ______ 아니요 ______

② 처음에 무슨 실수를 했는지 잘 몰랐지만 금방 알게 되었다. 네 ______ 아니요 ______

③ 실수는 했지만 가격도 물어보고 구경도 하고 나왔다. 네 ______ 아니요 ______

2. 다음은 수잔 씨가 실수한 경험에 대한 메모입니다. 다음 메모를 보고 글을 완성하세요.

실수 상황	지하철에서 다른 사람의 발을 밟았다. "미안합니다."라는 말 대신에 "감사합니다."라고 말했다.
실수 후 상황	그 사람은 나를 보고 웃었다. 나는 너무 창피해서 다음 역에서 내렸다.

나의 실수

한국 생활에 익숙하게 된 후부터 나는 지하철이나 버스를 자주 이용한다. 버스나 지하철을 타고 늘 가던 곳이 아니라 새로운 곳에 가서 구경도 하고 사진도 찍는다.

지난 주말 경복궁에 가려고 지하철을 탔다. 주말이라서 그런지 지하철에는 사람이 많았다. ______________________________

____

____

____

____

____

____

____

그 사람이 나를 보고 웃었다. 나는 너무 창피해서 다음 역에서 내렸다.

Giving Regards and News

제 15 과 안부와 소식

어휘

1. 그림에 맞는 것을 골라 쓰세요.

악수를 하다	손을 흔들다	포옹하다

(1)  ______________________

(2)  ______________________

(3)  ______________________

2. 알맞은 것을 골라 대화를 완성하세요.

안부를 전하다	소식이 끊기다	소식을 기다리다	안부가 궁금하다

(1) A: 아직도 유학 간 친구의 ______________________ 있어?

B: 응. 바빠서 그런지 아직까지 연락이 없네.

(2) A: 다음 주에 있는 동창회에 너도 갈 거지?

B: 아니. 난 못 가. 출장이 있거든. 친구들에게 나 대신 ______________________.

(3) A: 나타샤 씨, 요즘 마이클 씨하고 연락한 적 있어요? 전화번호가 바뀐 것 같아요.

B: 저도 마이클 씨와 ______________________ 지 오래됐어요.

(4) A: 장소이 씨가 중국으로 간 지 벌써 1년이 지났네요.

B: 벌써 그렇게 됐나요? 장소이 씨의 ______________________.

3. 알맞은 것을 골라 연결하고 대화를 완성하세요.

(1) 꿈 •	• 빌다
(2) 출장 •	• 꾸다
(3) 행운 •	• 빠르다
(4) 인사 •	• 다니다
(5) 시간 •	• 드리다

(1) A: 어제 꿈에 돼지가 여러 마리 나왔어요.

B: 좋은 ______________________. 오늘 꼭 복권을 사세요.

(2) A: 깨우 씨는 요즘 항상 바쁜 것 같아요. 우리 모임에 잘 안 나오네요.

B: 자주 ______________________ 그런 것 같아요.

(3) A: 내일 대학 면접시험이 있지요? 기분이 어때요?

B: 너무 떨려요. 제가 잘할 수 있도록 ______________________ 주세요.

(4) A: 지금 어디에 가요?

B: 저를 가르쳐 주셨던 교수님께 ______________________ 학교에 가는 중이에요.

(5) A: 우리가 처음 만나서 함께 공부한 지 벌써 1년이나 됐네요.

B: 처음 만난 날이 엊그제 같은데요. 정말 ______________________.

준비합시다

01 -았/었었-

1. 다음 표를 완성하세요.

기본형	-았/었었어요
나가다	
입다	
불다	
듣다	
돕다	

2. 다음은 나타샤 씨의 10년 전 생활과 현재 한국 생활을 비교한 표입니다. 다음을 보고 문장을 완성하세요.

	10년 전	현재
(1)	머리가 길다	머리가 짧다
(2)	러시아에서 살다	한국에서 살다
(3)	팝송을 즐겨 듣다	클래식을 자주 듣다
(4)	커피를 마시지 않다	커피를 많이 마시다
(5)	매운 음식을 거의 안 먹다	매운 음식을 좋아하다

(1) 10년 전에는 ______________________ 지금은 머리가 짧습니다.

(2) 10년 전에는 ______________________ 지금은 한국에서 삽니다.

(3) 10년 전에는 ______________________ 지금은 클래식을 자주 듣습니다.

(4) 10년 전에는 ______________________ 지금은 커피를 많이 마십니다.

(5) 10년 전에는 ______________________ 지금은 매운 음식을 좋아합니다.

02 -았/었던

1. 다음 표를 완성하세요.

기본형	-았/었던
많다	
적다	
사다	
입다	
불다	
걷다	
줍다	
붓다	
부르다	

2. 알맞은 것을 골라 대화를 완성하세요.

얼다	묵다	끊다	크다	찍다	부르다	공부하다	조용하다

(1) A: 너 담배 다시 피우는 거야? 작년에 금연에 성공하지 않았었어?

B: 맞아. 그런데 요즘 너무 스트레스를 많이 받아서 그때 ________________ 담배를 다시 피우기 시작했어.

(2) A: 비도 안 왔는데 바닥에 왜 물이 많아요?

B: 추운 날씨에 ________________ 눈이 녹아서 그래요.

(3) A: 예전에는 ________________ 아이가 많이 활발해졌네요.

B: 네. 예전에는 말이 없고 얌전했는데 지금은 말도 많고 사교적으로 변했어요.

(4) A: 저 호텔에는 왜 항상 외국인 관광객들이 많을까요?

B: 유명한 연예인이 ________________ 호텔인데 저 곳을 이용하면 그 연예인이 사용했던 방을 구경할 수 있거든요.

(5) A: 요즘 얼굴이 좋아진 것 같네.

B: 살이 좀 쪘어. 그래서 작년까지 ________________ 옷이 지금은 딱 맞아.

(6) A: 와, 이 사진 10년도 더 된 거잖아? 그 사진을 아직도 가지고 있었어?

B: 응. 대학교 1학년 때 친구들이랑 처음으로 ________________ 거라서 기념으로 가지고 있었어.

(7) A: 무슨 노래를 그렇게 열심히 듣고 있어요?

B: 제가 좋아하는 배우가 드라마에서 ________________ 노래예요. 미셸 씨도 한번 들어 볼래요?

(8) A: 어, 저 친구 이름이 뭐였지? 고등학교 때 같은 반에서 ________________ 친구인데 이름을 모르겠네.

B: 너도 기억력이 안 좋구나? 나도 그래. 항상 이름을 잘 기억하지 못하겠어.

03 반말

1. 다음 표를 완성하세요.

기본형	–아/어?(의문형)	–자(청유형)	–아/어(명령형)
보다			
들다			
걷다			
줍다			
젓다			
고르다			

2. 다음 대화를 친구에게 하는 대화로 바꾸세요.

마이클 영민 씨, 시간 있어요? 시간이 있으면 우리 같이 이야기 좀 합시다.

박영민 네. 무슨 일입니까?

마이클 영민 씨는 이번 여름휴가 때 어디에 갈 거예요?

박영민 아직 모르겠어요. 작년에는 부산으로 갔었는데 사람이 너무 많아서 고생을 많이 했습니다.

마이클 저는 제주도로 여행을 가려고 합니다. 이번에 같이 여행가는 게 어떻습니까?

박영민 좋아요. 저도 아직 제주도에 가 본 적이 없습니다. 같이 가면 재미있겠군요.

마이클 그럼 빨리 예약합시다.

박영민 그럽시다. 그럼 제가 비행기 표를 알아볼게요. 마이클 씨는 호텔을 예약해 주세요.

⇩

왕카이 (1)________________, 시간 (2)________________?
시간이 있으면 우리 같이 이야기 좀 (3)________________.

빠콘 (4)________________. 무슨 (5)________________?

왕카이 (6)________________ 이번 여름휴가 때 어디에 갈 거야?

빠콘 아직 (7)________________. 작년에는 부산으로 갔었는데 사람이 너무 많아서 고생을 많이 했어.

왕카이 나는 제주도로 여행을 가려고 해.
이번에 같이 여행가는 게 (8)________________?

빠콘 좋아. 나도 아직 제주도에 가 본 적이 없어. 같이 가면 재미있겠군.

왕카이 그럼 빨리 (9)________________.

빠콘 (10)________________. 내가 비행기 표를 알아볼게.
너는 호텔을 (11)________________.

04 -아/어지다

1. 다음 표를 완성하세요.

기본형	-아/어지다
작다	
크다	
예쁘다	
피곤하다	
덥다	
하얗다	

2. 다음 대화를 완성하세요.

(1) A: 날씨가 정말 춥지요?

B: 네. 지난주에는 따뜻했는데 갑자기 날씨가 ______________________.

(2) A: 원래부터 이렇게 몸이 좋았어요?

B: 아니요. 원래는 근육도 없고 많이 말랐었는데 운동하고 나서 몸이 ______________________.

(3) A: 눈이 많이 ______________________ 칠판 글씨가 잘 안 보여요.

B: 칠판이 안 보일 정도로 눈이 나쁘면 안경을 써야 할 것 같은데요.

(4) A: 봄이 돼서 낮 시간이 많이 ______________________ 것 같아요.

B: 맞아요. 겨울에는 5시면 해가 져서 어두웠는데 요즘에는 7시가 넘어도 밝네요.

(5) A: 얼굴이 왜 그렇게 ______________________?

B: 제 얼굴이 빨개요? 추운 곳에 있다가 갑자기 따뜻한 곳에 들어와서 그런가 봐요.

05 낮춤말

1. 다음 표를 완성하세요.

기본형	-니?(의문형)	-자(청유형)	-아/어라(명령형)
자다			
쓰다			
열다			
걷다			
줍다			
짓다			

2. 알맞은 것을 골라 대화를 완성하세요.

있다	하다	먹었다	사 오다	들어오다

(따르릉)

어머니 여보세요?

딸 엄마, 전데요.

어머니 시간이 많이 늦었는데 지금 어디에 (1)____________________?

딸 친구들하고 영화를 봤어요. 지금 집에 가는 길이에요. 조금 있으면 도착할 거예요.

어머니 저녁은 (2)____________________?

딸 아니요. 친구들이랑 영화만 보고 헤어졌어요.

어머니 그럼 어서 (3)____________________.
엄마하고 저녁 식사를 같이 (4)____________________.

딸 네. 거의 다 왔으니까 조금만 기다리세요.

어머니 참, 집에 오는 길에 집 앞 슈퍼마켓에서 내일 아침에 먹을 빵하고 우유 좀 (5)____________________.

딸 네. 알겠어요. 금방 갈게요.

말해 봅시다

1. 밑줄 친 부분을 바르게 읽은 것은 무엇입니까?

> 한국에 온 지 벌써 일 년이 다 되었다. 그동안 함께 했던 일들, 나를 도와주었던 많은 사람들이 생각난다. 그 사람들에게 항상 감사하며 살아야겠다.

① [일연]　　② [인년]　　③ [일련]

2. 다음 물음에 답하세요.

(1) 예전이 그리움을 말하고 싶을 때 어떻게 말할까요?

> A: 예전 학교 다닐 때로 돌아가고 싶지 않아?
> B: 맞아. ______________________.

① 그땐 그랬지

② 그땐 괴로웠었지

③ 그땐 정말 좋았었어

(2) 걱정하는 친구를 격려하려고 합니다. 이때 알맞지 **않은** 것은 무엇입니까?

> A: 대학 입학시험 때문에 걱정이 많아요.
> B: ______________________.

① 다 잘될 거예요

② 힘이 될 거예요

③ 네가 잘할 거라 믿어

메모

3. 다음 대화를 읽고 물음에 답하세요.

율리아 샐리야, 오랜만이야. ⓐ________________?
샐리 응, 잘 지냈어. 정말 반가워.
율리아 우리가 마지막으로 본 게 언제였지?
샐리 아마 5년 전 수료식이었을 거야.
율리아 맞아. 그날 친구들과 헤어질 때 슬펐었어. 우리 반 친구들 모두 친했잖아.
샐리 그래. 한국어 말하기 대회 때 내가 발표했던 것 기억나? 그때 정말 긴장됐었는데.
율리아 응, 생각나. 그리고 문화 수업 때 우리 반 모두 불고기와 김치를 함께 만들었던 것도 생각나. 그때 만든 음식도 정말 맛있었어.
샐리 응, 맞아.
율리아 우리 반 친구 중에서 지각을 많이 했던 사람이 누구였지?
샐리 하이안 씨가 지각을 많이 했었어. 참, 코미디언처럼 재미있는 말을 많이 해서 인기가 많았던 이치로 씨도 보고 싶어.
율리아 아! 우리 반 사람들이랑 수업을 들었던 때가 정말 그립네.

(1) ⓐ에 들어갈 말은 무엇입니까? 써 보세요.

____

(2) 반 친구에 대한 추억으로 맞지 <u>않는</u> 것은 무엇입니까?

① 하이안: 지각을 자주 했다.

② 이치로: 재미있는 말을 많이 했다.

③ 율리아: 말하기 대회에서 발표했다.

(3) 맞는 것에 ✓표 하세요.

① 두 사람은 작년에 함께 공부를 했다. 네 ______ 아니요 ______

② 문화 수업으로 불고기를 만든 적이 있다. 네 ______ 아니요 ______

③ 두 사람은 같이 공부했던 때를 그리워한다. 네 ______ 아니요 ______

읽고 써 봅시다

1. 다음 일기를 읽고 물음에 답하세요.

1월 27일 금요일

한국에서 나를 많이 도와줬던 현미가 방학 기간 중 베이징에 놀러 왔다. 그래서 오랜만에 현미를 만났다. 현미는 내가 한국에 있을 때 우리가 자주 사 먹었던 과자를 선물로 가져왔다. 그래서 이야기를 하면서 같이 먹었는데 오랜만에 먹어서 그런지 더 맛있었다.

우리는 현미가 내 한국어 공부를 도와준 것, 함께 개강 파티에 갔던 것 등, 일 년 동안 한국에서 있었던 추억들을 떠올리면서 즐겁게 이야기를 나누었다. 그런데 이야기를 하는 중에 갑자기 현미의 얼굴이 어두워졌다. 그리고 "우리가 잘 가던 식당에 갔었는데 그 식당 할머니가 안 계시고 다른 사람이 있었어. 할머니가 병원에 입원하셨어."라고 말했다. 난 정말 놀랐다. 할머니는 항상 밝고 건강하셨는데 무슨 일 때문에 병원에 입원하셨는지 또 얼마나 편찮으신지 궁금하다.

할머니께 마지막 인사를 드리고 다시 연락할 것을 약속하고 왔다. 하지만 여기서 취직을 하고 나서 내 일이 너무 바빴기 때문에 다시 연락을 못 드렸다. 정말 후회된다. 더 늦기 전에 할머니께 안부 편지를 써야겠다.

(1) 다음 중 두 사람이 같이 하지 <u>않은</u> 일은 무엇입니까?

① 식당에 갔다.

② 개강 파티에 갔다.

③ 한국어 수업을 들었다.

(2) 현미 씨의 얼굴이 어두워진 이유는 무엇입니까?

____

(3) 맞는 것에 ✓표 하세요.

① 이 사람은 자신이 즐겨 먹는 과자를 친구에게 선물했다. 네 ______ 아니요 ______

② 이 사람은 중국에서 일을 하고 있다. 네 ______ 아니요 ______

③ 이 사람은 중국에 돌아온 후 자주 가던 식당 할머니께 연락한 적이 있다.

네 ______ 아니요 ______

2. 식당 할머니께 안부 편지를 쓰려고 합니다. 편지에 할머니께 궁금한 점을 쓰세요.

궁금한 점	• 병원에 입원한 이유 • 아픈 정도 • 퇴원하는 날

할머니께

그동안 잘 지내셨어요? 저는 베이징에 돌아온 후에 제가 가고 싶었던 회사에 취직도 하고 잘 지내고 있어요.

지난번에 현미가 베이징에 왔을 때 할머니의 소식을 알려 주었어요. 저는 정말 깜짝 놀랐어요. 할머니, ______________________

____

____

____

____

____

____

____

____

연락할 것을 약속하고 편지 못 드려서 정말 죄송해요. 이제는 자주 편지 드릴게요. 그럼 빨리 나으세요. 항상 건강하시길 기도할게요.

1월 29일

장소이 올림

정답

제8과 외모 *Outward Appearance*

어휘

1. (1) 주황색　(2) 검정색　(3) 회색　(4) 초록색　(5) 흰색

2. (1) 인상착의　(2) 첫인상　(3) 옷차림　(4) 이상형　(5) 앞머리

3. (1) 꽃다발을 든/꽃다발을 들고 있는
(2) 눈이 높아요/눈이 높거든요
(3) 말이 통해서
(4) 배낭을 메
(5) 넥타이를 매고

준비합시다

01 -고 있다

1.

기본형	-고 있다
쓰다	쓰고 있다
끼다	끼고 있다
신다	신고 있다

2. (1) 끼고 있어요　(2) 차고 있는　(3) 하고 있는

3. (1) 목도리를 하고 있어요
(2) 모자를 쓰고 있어요
(3) 반지를 끼고 있어요
(4) 안경을 끼고 있어요/안경을 쓰고 있어요
(5) 운동화를 신고 있어요
(6) 꽃을 들고 있어요/부케를 들고 있어요

02 -게

1.

기본형	-게
크다	크게
싸다	싸게

높다	높게
멋있다	멋있게
길다	길게
어렵다	어렵게
빠르다	빠르게

2. (1) 달게
(2) 재미있게
(3) 바쁘게
(4) 싸게
(5) 짧게
(6) 크게
(7) 자세하게
(8) 어렵게

03 처럼

1. (1) 인형처럼 (2) 사탕처럼 (3) 별처럼

2. (1) 얼음처럼 (2) 가족처럼 (3) 시계처럼 (4) 새처럼

04 마다

1. (1) 일요일마다 (2) 목요일마다 (3) 토요일마다

2. (1) 박물관마다 (2) 물건마다 (3) 사람마다 (4) 학교마다

05 ㅎ불규칙

1.

기본형	-아/어요	-(으)ㄴ
노랗다	노래요	노란
빨갛다	빨개요	빨간
그렇다	그래요	그런
동그랗다	동그래요	동그란

2. (1) 까만 (2) 노란 (3) 하얘요 (4) 동그란 (5) 그래요 (6) 어떤

말해 봅시다

1. ①

2. (1) ③ (2) ③

3. (1) 여동생은 어떻게 생겼어요? (2) ③ (3) ① 네 ② 아니요 ③ 아니요

읽고 써 봅시다

1. (1) 외모를 중요하게 생각하는 사람 (2) ③ (3) ① 네 ② 네 ③ 아니요

2.

모델처럼 키가 크고 얼굴이 하얀 사람이다. 그리고 성격은 아무하고나 잘 어울릴 수 있는 활발한 사람이 좋다. 또 자신이 맡은 일을 열심히 하는 성실한 사람이 좋다.

제9과 특별한 날 *Special Days*

어휘

1. (1) 송편을 만들어요
(2) 소원을 빌었어요
(3) 차례를 지내요
(4) 보름달을 구경해요
(5) 세뱃돈을 받았어요

2. (1) 외식 (2) 야유회 (3) 연휴

3. (1) ② (2) ① (3) ③ (4) ②

준비합시다

01 (이)나, 밖에

1. (1) 한 벌밖에 (2) 오천 원밖에 (3) 열 개나

2. (1) 한 개밖에 없어요 (2) 열 명이나 왔어요 (3) 두 시간밖에 못 잤어요

02 -(으)면서

1.

기본형	-(으)면서
보다	보면서
읽다	읽으면서
만들다	만들면서
듣다	들으면서
줍다	주우면서
젓다	저으면서

2. (1) 마시면서 (2) 들으면서 (3) 이야기하면서 (4) 읽으면서 (5) 보면서

03 -(으)ㄴ/는데

1.

기본형	-았/었는데	-(으)ㄴ데/는데	-(으)ㄹ 건데
크다	컸는데	큰데	X
많다	많았는데	많은데	X
멀다	멀었는데	먼데	X
춥다	추웠는데	추운데	X
사다	샀는데	사는데	살 건데
먹다	먹었는데	먹는데	먹을 건데
만들다	만들었는데	만드는데	만들 건데
듣다	들었는데	듣는데	들을 건데
돕다	도왔는데	돕는데	도울 건데

2. (1) 내리는데 (2) 먹었는데 (3) 배우는데 (4) 갈 건데

3. (1) 고픈데 냉장고에 먹을 것이 없어요
(2) 재미있는데 모르는 단어가 너무 많아요
(3) 많아서 바빴는데 오늘은 여유가 있어요

04 에서도, 에서만

1. (1) 로도
(2) 에서는
(3) 에게도
(4) 로만

(5) 에게서도
(6) 에도

2. (1) 한테서도　(2) 에서도　(3) 에만　(4) 한테서는　(5) 로는

05 -고 나서

1. (1) 종이를 올려놓고 나서
(2) 대기표를 뽑고 나서
(3) 김치를 썰고 나서
(4) 가입 신청서를 쓰고 나서

2. (1) 창문을 열고 나서 청소하세요
(2) 물을 끓이고 나서 라면을 넣어요/넣으면 돼요
(3) 준비 운동하고 나서 수영해야 해요/수영하세요

말해 봅시다

1. ②

2. (1) ①　(2) ③

3. (1) ①　(2) ①　(3) ① 네　② 아니요　③ 네

읽고 써 봅시다

1. (1) ③
(2) 혼자 하는 게 아니라 친구들과 같이 하는 놀이라서
(3) ① 네　② 아니요　③ 네

2.

> 한복을 입고 우리 반 친구들하고 선생님과 같이 사진을 찍었다. 한복을 처음 입었는데 너무 멋있었다. 사진을 찍고 나서 전통 놀이를 했다. 제기차기를 했는데 내가 스무 번이나 해서 친구들에게 박수를 받았다. 너무 재미있었다. 기회가 있으면 또 해 보고 싶다.

제10과 공공장소 Public Places

어휘

1. (1) 저울에 올리세요
(2) 우표를 붙이면/우표를 붙여야
(3) 항공편으로 보내세요
(4) 편지를 배달하는
(5) 소포를 포장하는

2. (1) ① (2) ① (3) ② (4) ② (5) ③

3. (1) 현금 인출기 (2) 신분증 (3) 요금 (4) 비밀번호 (5) 환전

준비합시다

01 –는 대로

1.

기본형	–는 대로
가다	가는 대로
먹다	먹는 대로
만들다	만드는 대로
듣다	듣는 대로

2. (1) 결정되는 대로 (2) 도착하는 대로 (3) 쓰는 대로 (4) 끝나는 대로 (5) 만드는 대로

02 –(으)ㄹ 것

1. (1) 사용할 것 (2) 마실 것/먹을 것 (3) 떠들지 말 것 (4) 짜지 말 것

2. (1) 끊을 것 (2) 고칠 것 (3) 읽을 것 (4) 들을 것 (5) 전화할 것

03 대신(에)

1. (1) 밥 대신(에) (2) 부모님 대신(에) (3) 큰 여행 가방 대신(에) (4) 꿩 대신(에)

2. (1) 자동차 대신(에) (2) 저 대신(에) (3) 어머니 대신(에) (4) 그거 대신(에)/그 화분 대신(에)

04 –는 길에

1.

기본형	–는 길에
가다	가는 길에
오다	오는 길에
지나다	지나는 길에
돌아가다	돌아가는 길에
내려오다	내려오는 길에
귀국하다	귀국하는 길에
출근하다	출근하는 길에

2. (1) 편의점에 가는 길에
(2) 커피숍에서 나오는 길에
(3) 회사에서 퇴근하는 길에
(4) 병문안을 가는 길이에요
(5) 산에서 내려오는 길에
(6) 한국으로 돌아오는 길에
(7) 동아리 모임에 가는 길에
(8) 학교 앞을 지나는 길에

05 –다가

1.

기본형	–다가
가다	가다가
먹다	먹다가
만들다	만들다가
듣다	듣다가
짓다	짓다가

2. (1) 가다가
(2) 공부하다가
(3) 깎다가
(4) 잠자다가
(5) 숙제하다가
(6) 만들다가
(7) 살다가
(8) 걷다가

말해 봅시다

1. ③

2. (1) ① (2) ①

3. (1) 무엇을/뭘 도와 드릴까요?/어떤 일로 오셨어요? (2) ② (3) ① 네 ② 네 ③ 아니요

읽고 써 봅시다

1. (1) ③ (2) ③ (3) ① 네 ② 아니요 ③ 네

2.

> 우리 학교에서는 수업 시간에 휴대 전화를 꺼야 하는데 나는 며칠 전 전화를 끄는 것을 잊어버렸다. 그런데 그날 수업 중에 어머니한테서 전화가 왔다. 내 전화가 울려서 선생님한테 주의를 들었다.
>
> 또 한 번은 며칠 전 나는 아침을 못 먹어서 배가 고팠다. 그래서 학교에 오는 길에 컵라면을 샀다. 그리고 빈 교실에서 맛있게 먹었다. 그 후에 라면 냄새 때문에 내가 먹은 것을 친구들과 선생님이 알았다. 선생님은 나에게 주의를 주셨다.

제11과 초대 *Invitation*

어휘

1. (1) 취향 (2) 진수성찬 (3) 연락처 (4) 집들이

2. (1) 장을 보러
(2) 음식을 차렸다
(3) 손님을 마중하러
(4) 손님을 대접해야
(5) 손님을 배웅했다

3. (1) 상의해 (2) 전해 (3) 연기하는 (4) 참석하지

4. (1) 목이 말라요 (2) 자리에 앉아서 (3) 기억에 남는 (4) 병문안을 가려고

준비합시다

01 –(으)ㅁ

1.

기본형	–(으)ㅁ
가다	감
앉다	앉음
듣다	들음
열다	엶
돕다	도움

2. (1) 공항에 친구를 마중하러 가려고 함
(2) 미셸 씨 집에 가서 쿠키를 만들기로 했음
(3) 수업 후에 서울 시내를 구경함
(4) 춘천에 가서 닭갈비를 먹을 것임
(5) 금요일 6시에 장소이를 만남

02 –기(를) 바라다

1. (1) 가득하기(를) 바랍니다 (2) 행복하기(를) 바랍니다 (3) 건강하시기(를) 바랍니다

2. (1) 잠그기(를) 바랍니다
(2) 지키기(를) 바랍니다
(3) 오기(를) 바랍니다
(4) 남기지 말기(를) 바랍니다

03 아무나, 아무거나, 아무 데나

1.

누구?	아무나
무엇?	아무거나
어디에?	아무 데나
어디에서?	아무 데서나
언제?	아무 때나

2. (1) 아무 데서나 (2) 아무나 (3) 아무 데나 (4) 아무거나 (5) 아무 때나 (6) 아무에게나

04 –잖아요

1.

기본형	–잖아요	–았/었잖아요	–(으)ㄹ 거잖아요
예쁘다	예쁘잖아요	예뻤잖아요	X
작다	작잖아요	작았잖아요	X
살다	살잖아요	살았잖아요	살 거잖아요
듣다	듣잖아요	들었잖아요	들을 거잖아요
짓다	짓잖아요	지었잖아요	지을 거잖아요

2. (1) 시험 기간이잖아요
(2) 아까 가방에 넣었잖아요
(3) 같은 수업을 들었잖아요
(4) 한 시간은 걸리잖아요
(5) 아이들은 금방 크잖아요

3. (1) 많잖아요
(2) 있잖아요
(3) 생겼거든요
(4) 가 봤잖아요
(5) 났는데요
(6) 이야기했잖아요

05 –(으)ㄴ/는데요

1.

기본형	–았/었는데요	–(으)ㄴ/는데요	–(으)ㄹ 건데요
크다	컸는데요	큰데요	X
많다	많았는데요	많은데요	X
멀다	멀었는데요	먼데요	X
만들다	만들었는데요	만드는데요	만들 건데요
듣다	들었는데요	듣는데요	들을 건데요
돕다	도왔는데요	돕는데요	도울 건데요

2. (1) 매진됐는데요
(2) 외출했는데요
(3) 구입했는데요
(4) 매운데요
(5) 잃어버렸는데요

(6) 오는데요
(7) 먹을 건데요

말해 봅시다

1. (1) ①

2. (1) ③ (2) ②

3. (1) ② (2) ② (3) ① 아니요 ② 네 ③ 네

읽고 써 봅시다

1. (1) ② (2) 어려운 이웃을 돕기 위해서 (3) ① 아니요 ② 네 ③ 아니요

2.

> 학교 앞 동그라미 식당에서 해요. 학교에서 가까우니까 장소이 씨가 꼭 오면 좋겠어요.
> 특별히 우리 동아리 회원들이 공연도 하는데요. 모두 세 개의 공연을 해요. 저는 비보이 춤 공연과 마술 공연이 재미있을 것 같아요. 장소이 씨는 어때요? 시간이 되면 7시쯤에 와서 같이 비보이 춤 공연이나 마술 공연을 같이 봐요.

제12과 교통과 생활 *Transportation and Life*

어휘

1. (1) 신호가 바뀌다 (2) 길을 막다 (3) 길이 막히다 (4) 다른 길로 돌아가다

2. (1) 버스를 놓쳐서
(2) 신호를 어기면
(3) 택시를 잡을
(4) 교통사고가 나요
(5) 음주 운전을 하면

3. (1) 목적지
(2) 대중교통

(3) 고속도로
(4) 우회전

준비합시다

01 –(으)ㄴ/는지 알다

1.

기본형	–(으)ㄴ/는지 알다	–았/었는지 알다	–(으)ㄹ 건지 알다
예쁘다	예쁜지 알다	예뻤는지 알다	X
많다	많은지 알다	많았는지 알다	X
춥다	추운지 알다	추웠는지 알다	X
길다	긴지 알다	길었는지 알다	X
보다	보는지 알다	봤는지 알다	볼 건지 알다
읽다	읽는지 알다	읽었는지 알다	읽을 건지 알다
살다	사는지 알다	살았는지 알다	살 건지 알다
듣다	듣는지 알다	들었는지 알다	들을 건지 알다
돕다	돕는지 알다	도왔는지 알다	도울 건지 알다

2. (1) 친한지 알아요
(2) 오래되었는지 알아요/됐는지 알아요
(3) 듣는지 몰라요
(4) 샀는지 몰라요
(5) 입을 건지 모르겠어요/입을지 모르겠어요
(6) 필요한지 알아요
(7) 얼마인지 모르겠어요
(8) 많았는지 알아요

02 (으)로 해서

1.

	(으)로 해서
제주도	제주도로 해서
설악산	설악산으로 해서

2. (1) 마산으로 해서 (2) 전주로 해서 (3) 대전으로 해서 (4) 춘천으로 해서

3. (1) 목포로 해서 (2) 광주로 해서 (3) 경주로 해서 (4) 부산으로 해서

03 -자마자

1.

기본형	-자마자
보다	보자마자
읽다	읽자마자
만들다	만들자마자
듣다	듣자마자
돕다	돕자마자

2. (1) 먹자마자
(2) 입학하자마자
(3) 받자마자
(4) 나오자마자
(5) 시작되자마자

04 -았/었다가

1.

기본형	-았/었다가
가다	갔다가
입다	입었다가
살다	살았다가
듣다	들었다가
돕다	도왔다가
짓다	지었다가

2. (1) 예매했다가
(2) 약속했다가
(3) 열었다가
(4) 뛰어가다가
(5) 가입했다가
(6) 공부하다가

05 -(으)ㄹ 테니까

1.

기본형	-(으)ㄹ 테니까
싸다	쌀 테니까

많다	많을 테니까
가다	갈 테니까
먹다	먹을 테니까
만들다	만들 테니까
듣다	들을 테니까
돕다	도울 테니까

2. (1) 무거울 테니까
   (2) 걸릴 테니까
   (3) 좋아할 테니까
   (4) 추울 테니까
   (5) 막힐 테니까

말해 봅시다

1. ②

2. (1) ③　(2) ①

3. (1) ①　(2) ③　(3) ① 아니요　② 아니요　③ 네

읽고 써 봅시다

1. (1) ②　(2) ①　(3) ① 아니요　② 네　③ 네

2. 버스나 지하철은 빠르기 때문에 사람들이 많이 이용합니다. 버스는 버스 전용 차로로 가기 때문에 길이 막히지 않아서 좋고 지하철은 시간을 절약할 수 있어서 좋습니다.

제13과 이웃과 집 *Neighbors and Houses*

어휘

1. (1) 조리실　(2) 세탁실　(3) 경비실　(4) 냉방 시설

2. (1) 주변　(2) 동네　(3) 부동산 소개소　(4) 골목

3. (1) ②　(2) ②　(3) ③　(4) ③

준비합시다

01 -아/어야겠-

1.

기본형	-아/어야겠어요
가다	가야겠어요
먹다	먹어야겠어요
만들다	만들어야겠어요
듣다	들어야겠어요
돕다	도와야겠어요
짓다	지어야겠어요

2. (1) 공부해야겠어요　(2) 정리해야겠어요　(3) 도와줘야겠어요　(4) 옮겨야겠어요

3. (1) 입어야겠어요
(2) 만들어야겠어요
(3) 자야겠어요
(4) 올라가야겠어요
(5) 들어야겠어요

02 아무도, 아무것도, 아무 데도

1. (1) 아무 데도　(2) 아무도　(3) 아무 데서도　(4) 아무것도　(5) 아무한테서도

2. (1) 아무 데나　(2) 아무거나　(3) 아무 데도　(4) 아무나
(5) 아무에게도　(6) 아무도

03 -기(가) 쉽다

1. (1) 자르기(가) 힘들어요
   (2) 찾아가기(가) 쉬워요
   (3) 이해하기(가) 힘들어요
   (4) 외우기(가) 쉬워요

2. (1) 찾기(가) 어려워요/힘들어요
   (2) 읽기(가) 어려워요/힘들어요
   (3) 실수하기(가) 쉬워요

04 -게 되다

1.

기본형	-게 되다
만나다	만나게 되다
입다	입게 되다
살다	살게 되다
듣다	듣게 되다
돕다	돕게 되다
짓다	짓게 되다

2. (1) 한국에서 공부하게 되었어요/됐어요
   (2) 배우게 되었어요/됐어요
   (3) 알게 되었어요/됐어요
   (4) 먹게 돼요
   (5) 입게 돼요

05 -(으)ㄹ수록

1.

기본형	-(으)ㄹ수록
비싸다	비쌀수록
많다	많을수록
만나다	만날수록
듣다	들을수록
살다	살수록

2. (1) 읽을수록 (2) 알수록 (3) 급할수록 (4) 친할수록 (5) 어릴수록

말해 봅시다

1. (1) ② (2) ③ (2) ①

2. (1) 어떻게 생각해요? (2) ② (3) ① 네 ② 아니요 ③ 아니요

읽고 써 봅시다

1. (1) ① (2) ① (3) ① 아니요 ② 네 ③ 아니요

2. 젊은 사람들의 문화를 즐길 수 있습니다. 매년 5월이 되면 대학 축제를 보러 많은 사람들이 옵니다. 그때에는 여러 가지 공연과 행사가 많이 있습니다. 또 신촌에는 쇼핑할 곳도 많고 영화관도 많아서 친구들과 재미있는 시간을 보낼 수 있습니다.

제14과 예약과 주문 *Reservation and Order*

어휘

1. (1) 왕복 (2) 대기자 명단 (3) 기내식 (4) 일등석 (5) 만석

2. (1) ③ (2) ② (3) ① (4) ③ (5) ①

3. (1) 수동 (2) 재고 (3) 최근 (4) 시골 (5) 산책

준비합시다

01 -(으)ㄹ까 하다

1.

기본형	-(으)ㄹ까 하다
가다	갈까 하다
먹다	먹을까 하다
만들다	만들까 하다
짓다	지을까 하다

2. (1) 쉴까 해요
(2) 자를까 해요
(3) 돌아올까 해요
(4) 만들까 하는데
(5) 살까 하는데

02 –(으)ㄴ/는/(으)ㄹ 모양이다

1.

기본형	–(으)ㄴ 모양이다	–는 모양이다	–(으)ㄹ 모양이다
크다	큰 모양이다	X	X
많다	많은 모양이다	X	X
사다	산 모양이다	사는 모양이다	살 모양이다
먹다	먹은 모양이다	먹는 모양이다	먹을 모양이다
만들다	만든 모양이다	만드는 모양이다	만들 모양이다
듣다	들은 모양이다	듣는 모양이다	들을 모양이다
돕다	도운 모양이다	돕는 모양이다	도울 모양이다

2. (1) 아픈 모양이에요
(2) 더운 모양이에요
(3) 많은 모양이에요
(4) 맛있는 모양이에요
(5) 싫은 모양이에요

3. (1) 사는 (2) 바뀐 (3) 헤어진 (4) 올 (5) 취소할

03 –(으)ㄹ 줄 알다

1. (1) 수영할 줄 몰라요
(2) 보낼 줄 알아요
(3) 고칠 줄 알아요
(4) 사용할 줄 알아요
(5) 찾을 줄 알아요
(6) 할 줄 몰라요

2. (1) 그릴 줄 알아요
(2) 탈 줄 몰라요
(3) 만들 줄 알아요
(4) 찍을 줄 몰라요
(5) 부를 줄 알아요/할 줄 알아요

04 -(으)ㄴ/는 대신(에)

1. (1) 싼 대신(에)　(2) 빠른 대신(에)　(3) 힘든 대신(에)　(4) 편리한 대신(에)

2. (1) 문을 여는 대신(에) 월요일에는 쉰다.
(2) 받는 대신(에) 쌀을 받아서 어려운 사람을 도와주었다.
(3) 사 먹는 대신(에) 좋은 재료를 사서 집에서 만들어 먹었다.
(4) 반납한/반납하는 대신(에) 가을에 휴가를 가기로 했다.

05 -던

1. (1) 입던　(2) 많던　(3) 나오던　(4) 깨끗하던

2. (1) 다니던　(2) 가는, 살던　(3) 쓰던

말해 봅시다

1. ①

2. (1) ③　(2) ①

3. (1)성함이 없는데요/성함이 없습니다/이름이 없는데요/이름이 없습니다
(2) ②　(3) ① 아니요　② 아니요　③ 네

읽고 써 봅시다

1. (1) ③　(2) ③　(3) ① 아니요　② 네　③ 아니요

2.

지하철이 흔들려서 나는 다른 사람의 발을 밟았다. 너무 미안해서 인사를 했다. 그런데 그 사람은 내 말에 당황한 것 같았다. 그리고 나를 보고 웃었다. 그때 나는 내가 "미안합니다."라는 말 대신에 "감사합니다."라고 한 것을 알았다.

제15과 안부와 소식 *Giving Regards and News*

어휘

1. (1) 포옹하다　(2) 손을 흔들다　(3) 악수를 하다

2. (1) 소식을 기다리고
(2) 안부를 전해 줘
(3) 소식이 끊긴
(4) 안부가 궁금해요/궁금하군요

3. (1) 꿈을 꾸었군요/꿈을 꾸었네요
(2) 출장을 다녀서
(3) 행운을 빌어
(4) 인사를 드리러
(5) 시간이 빠르군요/시간이 빠르네요

준비합시다

01 –았/었었–

1.

기본형	–았/었었어요
나가다	나갔었어요
입다	입었었어요
불다	불었었어요
듣다	들었었어요
돕다	도왔었어요

2. (1) 머리가 길었었지만
(2) 러시아에서 살았었지만
(3) 팝송을 즐겨 들었었지만
(4) 커피를 마시지 않았었지만
(5) 매운 음식을 거의 안 먹었었지만

02 -았/었던

1.

기본형	-았/었던
많다	많았던
적다	적었던
사다	샀던
입다	입었던
불다	불었던
걷다	걸었던
줍다	주웠던
붓다	부었던
부르다	불렀던

2. (1) 끊었던
(2) 얼었던
(3) 조용했던
(4) 묵었던
(5) 컸던
(6) 찍었던
(7) 불렀던
(8) 공부했던

03 반말

1.

기본형	-아/어?(의문형)	-자(청유형)	-아/어(명령형)
보다	봐?	보자	봐
들다	들어?	들자	들어
걷다	걸어?	걷자	걸어
줍다	주워?	줍자	주워
젓다	저어?	젓자	저어
고르다	골라?	고르자	골라

2. (1) 빠른아
(2) 있어
(3) 하자
(4) 응
(5) 일이야

(6) 너는
(7) 모르겠어
(8) 어때
(9) 예약하자
(10) 그러자
(11) 예약해 줘

04 -아/어지다

1.

기본형	-아/어지다
작다	작아지다
크다	커지다
예쁘다	예뻐지다
피곤하다	피곤해지다
덥다	더워지다
하얗다	하얘지다

2. (1) 추워졌어요
(2) 좋아졌어요
(3) 나빠져서
(4) 길어진
(5) 빨개졌어요

05 낮춤말

1.

기본형	-니?(의문형)	-자(청유형)	-아/어라(명령형)
자다	자니?	자자	자라
쓰다	쓰니?	쓰자	써라
열다	여니?	열자	열어라
걷다	걷니?	걷자	걸어라
줍다	줍니?	줍자	주워라
짓다	짓니?	짓자	지어라

2. (1) 있니 (2) 먹었니 (3) 들어와라 (4) 하자 (5) 사 와라

말해 봅시다

1. ③

2. (1) ③　(2) ②

3. (1) 그동안 잘 지냈어　(2) ③　(3) ① 아니요　② 네　③ 네

읽고 써 봅시다

1. (1) ③　(2) 자주 가던 식당의 할머니가 병원에 입원하셨기 때문에　(3) ① 아니요　② 네　③ 아니요

2.

무슨 일로 병원에 입원하셨어요? 지금 건강은 어떠세요? 좋아지셨나요? 아직 아프시면 얼마나 아프신지 궁금해요. 병원에서 언제 퇴원하시는지도 궁금하고요.

지은이 소개

김현진 이화여자대학교 언어교육원 특임교수
이화여자대학교 독어독문학과 박사

이인경 전 이화여자대학교 언어교육원 전임강사
이화여자대학교 국어국문학과 박사 수료

강여림 전 이화여자대학교 언어교육원 전임강사
이화여자대학교 외국어로서의 한국어교육 전공 석사

박은선 전 이화여자대학교 언어교육원 강사
이화여자대학교 한국학과 박사 수료

신희랑 전 이화여자대학교 언어교육원 강사
이화여자대학교 외국어로서의 한국어교육 전공 석사